解けばしくみがわかる

入門

公益法人・一般法人

の会計・税務Q&A

辻・本郷 税理士法人

編著

演習問題付き

ぎょうせい

はじめに

　社団法人・財団法人は、平成20年に制度の抜本的な見直しが行われました。民間非営利部門を担う1つの柱として、他の非営利法人に先駆けて実施されたこの公益法人制度改革は、社会が必要とする多様なニーズに対応するため、法人の設立と公益性の判断を切り離して考えるという、従来とは全く異なる新しい考え方・仕組みを取り入れました。その結果、法人の設立件数は大幅に増加し一定の効果が生まれています。

　一方で、近年では不正会計や不正な法人運営に関するニュースも増加しており、社会からはこれまで以上に、より透明性の高い法人運営が求められています。

　本書では、公益法人の会計や税務に関する疑問をQ&A形式でわかりやすく解説するとともに、公益法人や移行法人に必要な行政庁への提出書類に関する内容も言及しています。また、税務においては電子帳簿保存法改正や適格請求書等保存方式（インボイス制度）といった最新情報も記載しています。

　公益法人・一般法人のいずれの法人にも、また、法人の経理担当者に限らず、評議員・社員・理事・監事等公益法人の経営に携わる方々に広く手に取っていただき、法人の適正な運営の一助になれば幸いです。

　令和4年3月

辻・本郷 税理士法人　理事長　徳田 孝司

凡 例

一般社団法人及び一般財団法人に関する法律（平成18年法律第48号）…法人法

公益社団法人及び公益財団法人の認定等に関する法律（平成18年法律第49号）…認定法

一般社団法人及び一般財団法人に関する法律及び公益社団法人及び公益財団法人の認定等に関する法律の施行に伴う関係法律の整備等に関する法律 （平成18年法律第50号）…整備法

一般社団法人及び一般財団法人に関する法律施行令（平成19年政令第38号）…法人法施行令

公益社団法人及び公益財団法人の認定等に関する法律施行令（平成19年政令第276号）…認定法施行令

一般社団法人及び一般財団法人に関する法律及び公益社団法人及び公益財団法人の認定等に関する法律の施行に伴う関係法律の整備等に関する法律施行令（平成19年政令第277号）…整備法施行令

一般社団法人及び一般財団法人に関する法律施行規則（平成19年法務省令第28号）…法人法施行規則

公益社団法人及び公益財団法人の認定等に関する法律施行規則（平成19年内閣府令第68号）…認定法施行規則

一般社団法人及び一般財団法人に関する法律及び公益社団法人及び公益財団法人の認定等に関する法律の施行に伴う関係法律の整備等に関する法律施行規則（平成19年内閣府令第69号）…整備法施行規則

一般社団法人及び一般財団法人…一般法人

公益社団法人及び公益財団法人…公益法人

公益目的支出計画の実施が完了したことの確認を受けていない特例民法法人（社団法人及び財団法人）…移行法人

一般法人及び移行法人並びに公益法人…一般・公益法人

非営利性が徹底された又は共益的活動を目的とする一般社団法人及び一般財団法人…非営利型法人

非営利型法人以外の一般社団法人及び一般財団法人…普通法人

公益法人及び非営利型法人…公益法人等

公益法人会計基準（平成20年4月11日）…会計基準

「公益法人会計基準」の運用指針（平成20年4月）…運用指針

公益法人会計基準に関する実務指針（非営利法人委員会実務指針第38号）
…実務指針

公益法人制度等に関するよくある質問（FAQ）…FAQ

公益認定等に関する運用について（公益認定等ガイドライン）…公益認定等ガイド
ライン

※演習問題があるページには 📖 が付いています。

第 1 章　一般・公益法人とは

第 2 章　公益法人会計基準

第 3 章　一般・公益法人の会計処理

第4章　一般・公益法人の決算

第 5 章　行政庁への提出書類と会計上の公益要件

第 6 章　一般・公益法人の税務

第 **1** 章

一般・公益法人とは

Q1 社団法人と財団法人について 教えてください

A いずれも同じ法律に基づき設立される法人ですが、社団法人が「人」を中心と考えることに対し、財団法人は拠出された「財産」を中心と考えるという違いがあります。

❶ 社団法人と財団法人

　日本において、非営利活動を行う法人は様々な種類があり、それぞれ根拠法に基づいて設立されています。その中で、社団法人と財団法人はいずれも同じ法律に基づいて設立される法人です。

　一般的に、両者は、社団法人が一定の目的をもつ人の集まりを中心と考えることに対し、財団法人は一定の目的のために拠出された財産（とその設立趣意）を中心と考えるという違いがあります。

法人格	社団法人	財団法人
中心	人（社員）	財産（基本財産等）
活動財源	会費により活動	寄附や運用益で活動

❷ 社団法人とは

【設立】

　社団法人は社員となろうとする者が2人以上集まること及び法人登記により設立が可能です。

2

【機関設計】

社団法人は社員総会のほか、業務執行機関としての理事を少なくとも1人は置かなければなりません。それ以外の機関として、定款の定めにより、理事会、監事を置くことができます。なお、理事会を置かない場合には監事が不要となります。一定規模以上の法人等については会計監査人が必置となっています。

実務上はガバナンス等の観点から、理事会を置くケースが多いため、以降は理事会を置いたケースを用いて説明しています。

社員とは社員総会の構成員であり、「使用人」や「従業員」という意味とは異なります。社員の資格については、法令上で特に規定されていないため、法人や理事が社員になることも可能です。

社員総会は社員により運営され、法人運営の基本ルール・体制を決定するとともに、役員（理事及び監事）の選任・解任等を通じ、法人運営を監督します。

理事会は理事により運営され、業務執行に関する事項の意思決定を行います。また、業務を執行し代表権を持つ理事として代表理事を選定しなければなりません。代表理事以外にも業務を執行する理事として業務執行理事を選定することができます。

監事は理事の職務執行を監査し、監査報告の作成や計算書類等の監査を行います。

理事、監事の役職を兼務することはできませんが、理事と職員は兼任することができます。

会計監査人は一定規模以上の法人及び任意設置した法人に対して、計算書類等の監査を行います。

《社団法人の機関設計》

法人の最高議決機関 → 社員／社員総会

業務執行の決定、理事の職務監視 → 理事／理事会

法人の代表、業務の執行 → 代表理事

理事の職務執行の監査 ← 監事／会計監査人（一定規模以上の法人は必置）

説明（求めに応じ）　選任、解任　説明（求めに応じ）

監査　選定・解職　報告

【役員等の資格要件】

　社団法人の役員等の資格要件は以下のとおりです。

	社員	理事	監事	会計監査人
資格要件	特に法律の規定なし（法人も可）定款の定めるところによる	欠格事由*に該当しない者※使用人との兼務は可	欠格事由*に該当しない者	公認会計士又は監査法人
選任方法	定款で定める方法	社員総会の決議	社員総会の決議	社員総会の決議
任期	なし	2年（1年に短縮可）	4年（2年に短縮可）	1年
最低人数	設立時は2人以上	1人以上（理事会設置の場合3人以上）	不要（理事会設置の場合1人以上）	1人以上

*欠格事由

・法人は役員（理事、監事）に就任することができません（法人法第65条、第65条の2）。

・法人法、会社法、破産法などの規定に違反するなどし、その刑の執行を終え、又はその執行を受けることがなくなった日から2年を経過しない者等も役員（理事、監事）に就任することができません（法人法第65条）。

・監事は、当該法人又はその子法人の理事又は使用人を兼ねることができません（法人法第65条）。

❸ 財団法人とは

【設立】

　財団法人は設立者から300万円以上の財産の拠出と法人登記により設立が可能です。

【機関設計】

　財団法人は評議員、評議員会、理事、理事会及び監事を置かなければなりません。また、一定規模以上の法人等については会計監査人も必置となっています。

　評議員会は評議員により運営され、法人運営の基本ルール・体制を決定するとともに、役員（理事及び監事）の選任・解任等を通じ、法人運営を監督します。

　理事会は理事により運営され、業務執行に関する事項の意思決定を行います。また、業務を執行し代表権を持つ理事として代表理事を選定しなければなりません。代表理事以外にも業務を執行する理事として業務執行理事を選定することができます。

　監事は理事の職務執行を監査し、監査報告の作成や計算書類等の監査を行います。

　理事、評議員、監事の役職を兼務することはできませんが、理事と職員は兼任することができます。

　会計監査人は一定規模以上の法人及び任意設置した法人に対して、計算書類等の監査を行います。

《財団法人の機関設計》

法人の最高議決機関 → 評議員／評議員会

説明（求めに応じ）　選任、解任　説明（求めに応じ）

業務執行の決定、理事の職務監視 → 理事／理事会

理事の職務執行の監査 → 監事

会計監査人（一定規模以上の法人は必置）

監査

選定・解職　報告

法人の代表、業務の執行 → 代表理事

【役員等の資格要件】

財団法人の役員等の資格要件は以下のとおりです。

	評議員	理事	監事	会計監査人
資格要件	欠格事由*に該当しない者	欠格事由*に該当しない者 ※使用人との兼務は可	欠格事由*に該当しない者	公認会計士又は監査法人
選任方法	定款で定める方法	評議員会の決議	評議員会の決議	評議員会の決議
任期	4年（6年まで延長可）	2年（1年に短縮可）	4年（2年に短縮可）	1年
最低人数	3人以上	3人以上	1人以上	1人以上

*欠格事由

・法人は役員（理事、監事、評議員）に就任することができません（法人法第65条、第173条）。

・法人法、会社法、破産法などの規定に違反するなどし、その刑の執行を終え、又はその執行を受けることがなくなった日から2年を経過しない者等も役員（理事、監事、評議員）に就任することはできません（法人法第65条、第173条）。

・評議員は、当該法人又はその子法人の理事、監事、使用人を兼ねることができません（法人法第173条）。

・監事は、当該法人又はその子法人の理事又は使用人を兼ねることができません（法人法第65条、第177条）。

A 行政庁から公益認定を受けた公益社団法人、公益財団法人を
まとめて公益法人といいます。
公益認定を受けていない一般社団法人と一般財団法人をまと
めて一般法人といいます。

❶ 制度の変遷

　社団法人と財団法人は、明治31年（1898年）に施行された旧民法か
ら始まりました。以降、長らく抜本的な見直しが行われないままでした。
しかし、公益性の判断が不明瞭であるなど制度の問題点も明らかとなっ
てきたこと等により、制度の見直しが行われることとなりました。

　その結果、民法の一部であった旧制度から、新たに法人法、認定法、
整備法の３つからなる公益三法によることとなりました。公益三法に基
づく新制度は平成20年12月１日に施行されて現在に至ります。

　新制度では登記のみで一般法人の設立が可能となり、公益性の判断に
ついては、民間有識者から構成される公益認定等委員会（公益法人の認
定等を判断するため、認定法に基づき内閣府に設置された機関）又は各
都道府県に設置された合議機関（公益認定等審議会等）が審査を行い行
政庁が公益認定するという仕組みとなりました。

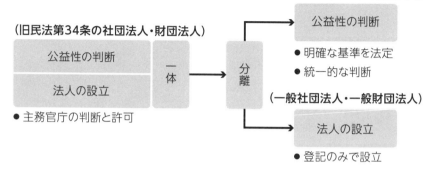

旧民法第34条に基づく
従来の公益法人制度

（旧民法第34条の社団法人・財団法人）

公益性の判断	一体
法人の設立	

● 主務官庁の判断と許可

公益三法に基づく
新たな公益法人制度

分離

（公益社団法人・公益財団法人）

公益性の判断

● 明確な基準を法定
● 統一的な判断

（一般社団法人・一般財団法人）

法人の設立

● 登記のみで設立

　新制度により、旧制度の社団法人と財団法人は一般法人、公益法人の2つに分類されることとなりました。

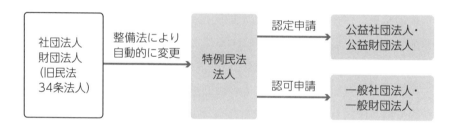

社団法人
財団法人
（旧民法
34条法人）

→ 整備法により
自動的に変更 →

特例民法
法人

→ 認定申請 → 公益社団法人・公益財団法人

→ 認可申請 → 一般社団法人・一般財団法人

❷ 一般法人とは

　一般法人とは、法人法に基づいて設立された一般法人をいいます。なお、移行法人（※）は一般法人に含まれます。

※特例民法法人から移行の認可を受けて一般法人となり公益目的支出計画を実施中の法人。詳しくは❹で説明します。

❸ 公益法人とは

　公益法人とは、公益の増進を図ることを目的として法人の設立理念に則って活動する法人を指します。

　公益法人は一般法人が行政庁に公益認定申請を行い、認定法の基準を満たしているか厳格な審査を経て行政庁から公益認定されることで公益法人となることができます。

　公益認定を受けるためには、大きく４つに分類された18の公益認定基準を満たす必要があります（認定法第５条第１号～18号）。

① 　法人の目的・公益目的事業の性質・内容に関するもの

② 　法人の機関に関するもの

③ 　法人の財務に関するもの（財務三基準）

④ 　法人の財産に関するもの

　①における「公益目的事業」とは以下のAとBを満たすものをいいます（認定法第２条第４号）。

　A 　学術、技芸、慈善その他の公益に関する別表各号に掲げる種類の事業であること

　B 　不特定かつ多数の者の利益の増進に寄与するもの

　Aについては、認定法 別表（第二条関係）に掲げられた公益目的23事業のうちいずれかに該当していること、Bについては個々の事業が特定の者のみの利益の増進になっていないかの観点からチェックポイントに沿って検討することになります。

　③における財務三基準については第５章「**Q41　財務三基準とは何ですか**」で詳しく説明します。

　公益法人は概ね３～４年に１回の頻度で行政庁から立入検査があります。立入検査とは公益法人の実態把握のための手段の一つで、認定法第

27条に基づき、法令で明確に定められた公益法人として事業の運営実態を確認するために行われるものです。

　なお、一般法人と公益法人の違いは次のとおりです。

法人格	一般法人 （一般社団法人、一般財団法人）	公益法人 （公益社団法人、公益財団法人）
根拠法	法人法（移行法人は法人法及び整備法）	法人法及び認定法
事業内容	特に制限なし（移行法人は制限あり）	公益目的23事業が主たる事業
監督行政庁	なし（移行法人は内閣府又は都道府県）	あり（内閣府又は都道府県）
立入検査	なし（移行法人は行政庁が必要と認める場合はあり）	概ね3～4年に1回
許認可等	なし（移行法人はあり）	あり

❹ 移行法人とは

　移行法人とは、制度改革において特例民法法人から一般法人へ移行の認可申請をした法人で「公益目的支出計画」を実施中の法人です。

　移行法人は公益目的支出計画に関連して必要な手続や計算書類も異なるため、計算書類については第4章「**Q35　移行法人・公益法人用に計算書類などの様式はありますか**」において、公益目的支出計画は第5章「**Q44　公益目的支出計画とは何ですか**」で詳しく説明します。

3 一般・公益法人と株式会社の違いを
教えてください

A 一般・公益法人と株式会社では事業の目的が大きく異なります。

　一般・公益法人と株式会社の大きな違いはその事業の目的です。一般・公益法人は非営利を目的とした活動を行っていますが、株式会社では営利を目的とした活動を行っています。

　一般・公益法人の会計は非営利を目的とした事業の継続性や安定性などの情報を提供することに主眼においていますが、株式会社は営利を目的とした法人であるため利益計算することを主眼においています。

一般・公益法人と株式会社の対比

	一般・公益法人	株式会社
根拠法	公益三法	会社法
事業の目的	非営利	営利
出資者の持分	なし	あり
剰余金の配当	できない	あり
残余財産の帰属	国又は地方公共団体等	株主
会計基準等	公益法人会計基準 一般に公正妥当と認められる会計の慣行	会社計算規則 一般に公正妥当と認められる企業会計の基準その他の企業会計の慣行
計算書類等	貸借対照表 正味財産増減計算書 財務諸表に対する注記 附属明細書 など	貸借対照表 損益計算書 株主資本等変動計算書 個別注記表 など

第 2 章

公益法人会計基準

4 公益法人会計基準とは どのようなものですか

A 公益法人の会計上のルールであり、内閣府公益認定等委員会より公表されています。

❶ 公益法人会計基準とは

　公益法人会計基準とは、公益法人の財務状況を明らかにし、外部への情報公開を行うために定められた会計上のルールをいいます。

　公益法人会計基準や後述の運用・実務指針では、公益法人会計の基本的な考え方となる一般原則や実務を行う上での会計処理の方法、公表資料である計算書類の様式等について定めています。

　一般・公益法人には法令によって強制適用される会計基準の明示はなく、会計は一般に公正妥当と認められる会計の慣行に従うものとされています（法人法第119条、第199条）。しかし、これらの一般・公益法人は、一般的に利潤の獲得と分配を目的とする法人ではないことを踏まえ、通常は企業会計原則より優先して公益法人会計基準を適用することについて合理性があると考えられています。

　公益法人会計基準に基づいた一般・公益法人の会計は、株式会社における企業会計と共通の会計処理を行うこともありますが、公益法人特有の会計処理の方法も多くあることから、公益法人会計基準は専門性の高い会計基準であるといえます。

❷ 公益法人会計基準の経緯

　公益法人会計基準は、昭和52年より公益法人が会計帳簿や計算書類を作成するための基準として活用されてきましたが、平成16年10月14日に全面的な改正が行われ、新公益法人会計基準（以下「平成16年改正基準」といいます。）が施行（平成18年４月１日実施）されました。その後、公益三法の内容に合わせるために改正が行われ、内閣府公益認定等委員会より新々会計基準（以下「平成20年改正基準」といいます。）が公表され、平成20年12月１日以後の開始事業年度より適用されています。

　現在、公益法人会計基準は平成20年改正基準を指し、部分改正を経て、今に至ります。

❸ 公益法人会計基準の構成と内容

　内閣府公益認定等委員会は公益法人会計基準と公益法人会計基準の運用指針を公表しています。公益法人会計基準では、会計基準及び注解について規定し、公益法人会計基準の運用指針では公益法人会計基準に定めのない事項及び様式について定めています。

　また、日本公認会計士協会から、公益法人会計基準の会計処理等についての実務上の指針をQ&A方式で提供するため、公益法人会計基準に関する実務指針を公表しています。

　公益三法や公益法人会計基準及び運用・実務指針のほか、内閣府公益認定等委員会から公表されている「公益法人制度等に関するよくある質問（FAQ）」なども参考にしながら、第３章以降では会計処理や関係書類について説明していきます。

公益法人会計基準等の記載内容のまとめは次のとおりです。

項目	会計基準	運用指針	実務指針
総則等	目的及び適用範囲 継続組織の前提 一般原則 事業年度 会計区分	法人類型の定義	適用する会計基準の明確化
会計処理及び取扱	貸借対照表 正味財産増減計算書 キャッシュ・フロー計算書 注記 附属明細書 財産目録	退職給付会計 関連当事者との取引 指定正味財産として計上される額 子会社株式・関連会社株式 基金 補助金等の取扱 時価が著しく下落した場合の取扱	過年度遡及会計基準 指定正味と一般正味財産 特定資産 金融商品会計基準 有価証券の評価と会計処理 固定資産の減損会計 資産除去債務に関する会計基準 賃貸等不動産の時価等の開示に関する会計基準 税効果会計
計算関係書類及び財産目録		科目及び取扱要領 様式1-1～1-4 様式2-1～2-4 様式3-1～3-3 表示様式	キャッシュ・フロー計算書
その他	注解1～17	附則1～9	

　なお、公益法人会計基準・運用指針・FAQなどは内閣府「公益法人information」の「法律・制度関連」でも確認することができます。

❹ 公益法人会計基準の特徴

公益法人会計基準は以下のような特徴があります。

①指定正味財産と一般正味財産

公益法人会計基準では、使途が制約された寄附金や補助金等などの財産を指定正味財産とし、指定正味財産以外の財産を一般正味財産とします。

②基本財産と特定資産

法人が自身で基本財産とした財産や寄附者から基本財産として指定された財産が基本財産となり、法人自身や寄附者から特定の目的のために使途・保有・運用方法に制約がある財産は特定資産となります。基本財産と特定資産は資産の特徴により区別され、貸借対照表の科目や表示も異なります（詳細は第3章「**Q14　基本財産はどのように処理したら良いですか**」、「**Q15　特定資産はどのように処理したら良いですか**」を参照してください。）。

また、指定正味財産と一般正味財産のうち、基本財産及び特定資産を財源として充当している場合は、貸借対照表上の正味財産の部でも明示が必要となります（詳細は第4章「**Q35　移行法人・公益法人用に計算書類などの様式はありますか**」の様式を参照してください。）。

③その他

その他、後述する会計区分のほかに、

・事業費と管理費（第3章「**Q9　一般・公益法人の会計の仕組みを教えてください**」参照）

・他会計振替（第4章「**Q36　決算時の注意点について教えてくださ**

い」参照）

・内訳表の作成（第4章「**Q29　貸借対照表について教えてください**」、「**Q31　正味財産増減計算書内訳表について教えてください**」参照）

・内部取引消去（第3章「**Q26　法人内部での取引はどのように処理したら良いですか**」参照）

・評価損益の処理（第3章「**Q12　有価証券はどのように処理したら良いですか**」参照）

　など様々な特徴があります。

　詳細は第3章と併せて第4章もご覧ください。

Q 5 公益法人会計基準の一般原則を教えてください

A 公益法人会計基準には４つの一般原則があります。

❶ 一般原則とは

　公益法人会計基準では財務諸表（貸借対照表・正味財産増減計算書及びキャッシュ・フロー計算書をいいます。以下同じ。）及び附属明細書や財産目録の作成について、以下の４つの一般原則を定めています。これらの原則は会計処理や財務諸表の作成を行う上での基本的な考え方となっています。

①**真実性の原則**…財務諸表は真実な内容を明瞭に表示することを要請する原則です。この原則は他の原則の上位に位置づけられています。

②**正規の簿記の原則**…一般・公益法人の事業活動が全て網羅されていること（網羅性）、客観的に検証可能な証拠書類に基づくものであること（検証可能性）、秩序正しく記録されていること（秩序性）の３つの要件を満たすことを要請する原則です。一般的に複式簿記により正しく記帳された会計帳簿に基づいて財務諸表を作成することを要請する原則とされます。

③**継続性の原則**…会計処理の原則及び手続並びに財務諸表の表示方法は、毎事業年度これを継続して適用し、みだりに変更してはならないことを要請する原則です。毎期継続した会計処理を行うことで期間比較が可能となります。なお、会計処理を変更する場合には合理的な理由が必要となります。

④**重要性の原則**…重要性の乏しいものについては、会計処理の原則及び

手続並びに財務諸表の表示方法の適用に際して、本来の厳密な方法によらず、他の簡便な方法によることができることを示した原則です。公益法人会計基準注解の注1に適用例の記載があります。

❷ 総額表示と金額の表示の単位

①総額表示

　一般原則に加えて、貸借対照表及び正味財産増減計算書に記載する金額については総額をもって記載することを原則としています。

　そのため、貸借対照表の資産の項目と負債又は正味財産の項目、あるいは収益及び費用の項目について、それぞれ相殺することにより全部又は一部を除去してはならないことを定めています。

②金額の表示の単位

　金額の表示の単位は、一円単位、千円単位又は百万円単位とすることが定められています（法人法施行規則第27条、第64条）。

❸ 事業年度

　一般・公益法人の事業年度は、定款で定められた期間になります。

Q6 一般・公益法人の会計区分について教えてください

A 会計区分は会計基準及び関係法令（認定法、整備法）に基づき分けられます。

　公益法人会計基準において、公益法人や移行法人は法令上の要請により、会計区分と事業区分の2階層が必要とされています。

　公益法人の会計区分は、公益目的事業会計、収益事業等会計（収益事業、相互扶助等事業）、法人会計（法人の管理運営に関する会計）があります。

　移行法人には実施事業等会計（行政庁の認可を受けた事業）、その他会計、法人会計があります。

　これらの会計区分内の事業単位は、法人が事業の内容に即して集計単位を定めることができます。

　例えば、公益目的事業の他に収益事業を行う公益法人の会計や事業区分は次のとおりです。

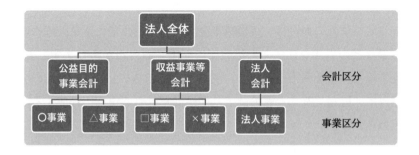

Q 7 公益法人会計基準における予算の役割を教えてください

A 予算は理事による事業執行を理事会（※）が統制する機能を有しています。

一般・移行法人は定款自治、公益法人は認定法に基づき、会計区分ごとの収支予算書を作成します。収支予算書の様式に定めはありませんが、損益計算による収支金額を記載します。

収支予算書は事業計画に基づいて代表理事が作成し、理事会による承認（※）を受けた後、執行することができます。また、予算と収入及び支出金額に乖離等が見込まれる場合には、内容に応じて補正予算を作成します。補正予算の執行についても同様に理事会（※）の承認が必要となります。このように、一般・公益法人の予算は理事による事業執行を理事会（※）が統制する機能を有しています。

一般・公益法人の収支予算は、支出の範囲内で実行を行う支出型予算となっています。したがって、支出の予算額は前年度の実際額に追加支出見込額などを調整して予算を立てることになります。予算の管理は、支出の執行状況の確認が重視されることになります。

なお公益法人の場合は、毎事業年度開始の前日までに事業計画や収支予算書などの書類を作成して行政庁に提出する義務があります。また、収支予算書は事業報告と同様に、主たる目的である公益目的事業の実施に沿って、財務三基準などの認定基準が満たされるように作成することが求められます。

※定款の定めによっては理事会の決議を経て、社員総会（評議員会）の承認が必要となる場合があります。

Q 8 補正予算を諮るタイミングを教えてください

A 補正予算は予算と実績の乖離がみられる場合に作成します。

　補正予算の作成は、予算と収入又は支出金額の見込みに大幅な乖離等が生じる場合に行います。例えば、事業年度の途中に新たな事業を開始する場合や新規の補助金交付が決定し物品購入するなど、収入や支出に大幅な乖離等が生じる場合には、事業開始や物品購入までに補正予算を理事会による承認^(※)を受ける必要があります。

　補正予算については、通常は行政庁への変更届出の提出義務はありませんが、事業内容の変更に伴い補正予算を組む場合には、変更に係る一定の書類を行政庁に提出する必要があります（認定法施行規則第8条、第11条）。

※定款の定めによっては理事会の決議を経て、社員総会（評議員会）の承認が必要となる場合があります。

第3章

一般・公益法人の会計処理

一般・公益法人の会計の仕組みを教えてください

A 一般・公益法人の会計は複式簿記により損益計算を行います。

　会計とは、金銭や物品の出入りを記録して報告することをいいます。一般・公益法人の会計では、金銭や物品の出入り等の取引を仕訳として記録し会計帳簿を作成します。そして、会計帳簿をもとに計算書類を作成し、理事会、社員総会又は評議員会で承認が必要となります。

　なお、一般・公益法人における会計は、法人が保有する正味財産の増減を把握することを目的に、会計区分ごとに分かれて行われます（詳しくは第2章「**Q6　一般・公益法人の会計区分について教えてください**」を参照してください。）。

❶ 単式簿記と複式簿記

　簿記とは、取引を整理して会計帳簿に記録する方法をいいます。簿記には①単式簿記と②複式簿記があります。

①　**単式簿記**…単式簿記とは現金等の一勘定科目について、収入と支出を記録し、集計する方法をいいます。簿記の専門知識が必要なく、残高の把握が容易であることから、家計簿や任意団体の会計で用いられます。

②　**複式簿記**…複式簿記とは借方と貸方を用いて、資産・負債科目の増減と費用・収益科目の増減を同時に記録する方法をいいます。簿記の専門知識が必要となりますが、取引の原因である費用・収益の発生と結果である資産・負債の残高を同時に把握することができます。複式簿記は一般的に公益法人会計や企業会計で用いられています。

単式簿記と複式簿記の違いとして、資産と負債の間での取引が行われた場合が挙げられます。例えば、銀行から運営資金1,000,000円を借り入れた場合、次のようになります。

① **単式簿記**…単式簿記では1,000,000円の収入となり、預金の増加のみが記録されます。

摘要	支出	収入	残高
借り入れ		1,000,000	1,000,000

② **複式簿記**…複式簿記では資産である現金1,000,000円と負債である借入金1,000,000円の増加がそれぞれ記録されます。つまり、資産と負債がともに増加しているため、純資産には影響がなく、費用・収益にも計上されていないことが分かります。

借方		貸方	
現金預金	1,000,000	借入金	1,000,000

　複式簿記ではすべての取引について必ず借方と貸方を用いて記録します。借方は、資産・費用の増加、負債・収益の減少を表します。貸方は資産・費用の減少、負債・収益の増加を表します。また、複式簿記のルールとして、借方は左側に貸方は右側に記載します。

借　　方	貸　　方
資産の増加（現金預金の受取、固定資産の取得等）	資産の減少（現金預金の支払、固定資産の売却等）
負債の減少（借入金の返済等）	負債の増加（借入金の増加等）
費用の増加（仕入代金の支払等）	費用の減少（返品による仕入代金の返金等）
収益の減少（補助金の返還等）	収益の増加（補助金の受取等）

❷ 現金主義と発生主義

　損益計算を行う際、費用と収益を認識する会計処理の方法として、①現金主義と②発生主義があります。一般・公益法人の会計では、原則として②発生主義により会計処理を行うこととなります。

①　**現金主義**…現金主義とは、収益を現金の入金時に認識し、費用を現金の出金時に認識する会計処理の方法をいいます。現金主義は現金の動きだけを記録するので非常に簡便ですが、一定の期間ごとの正確な損益を把握することが困難となります。

②　**発生主義**…発生主義とは、金銭のやり取りの有無に関係なく、収益や費用を発生の事実に基づいて認識する会計処理の方法をいいます。

　現金主義と発生主義の違いとして、収益の認識の例では次のような差異が生じます。

設例 現金主義と発生主義

　一般社団法人である当法人は、収益事業（物品販売業）を行っています。当期末（X２年３月31日）に商品5,000円を販売しましたが、翌期首（X２年４月１日）に入金されました。

①　**現金主義**…現金主義では、３月に物品を販売しても収益の認識は現金が入金される４月に行われます。そのため３月分の販売収益が３月中

に計上されず、翌期の収益として計上されます。収益の認識と実態の間に乖離が生じてしまうことから、損益の実態を適切に表しているとはいえません。

	収益	入金	収益の認識
3月	0円	0円	－
4月	5,000円	5,000円	○

② **発生主義**…発生主義に基づいた場合、物品販売時に収益の発生を認識するため、3月末時点で3月分の販売収益が計上されます。これにより収益の認識と実態が対応することとなり、適切な期間損益計算を行うことができます。

	収益	入金	収益の認識
3月	5,000円	0円	○
4月	0円	5,000円	－

❸ 事業費と管理費

　一般・公益法人に特有の概念として、事業費と管理費があります。運用指針では、事業費は「事業の目的のために要する費用」、管理費は「各事業を管理するため、毎年度経常的に要する費用」と定義づけられています。

　株式会社の場合、法人の活動で発生した費用は事業単位等で区別せず、全て一つの費用として損益計算書へ記載を行います。これに対して一般・公益法人では、会計及び事業区分ごとに経理処理が求められていることから、費用も発生原因別に処理する必要があります。そのため、法

人の事業活動を行うために発生した費用は事業費として、法人の管理運営のために発生した費用は管理費として処理を行います。

	対応する会計区分	主な内容
事業費	一般法人（移行法人） 実施事業等会計、その他会計 公益法人 公益目的事業会計、収益事業等会計	事業に従事する職員の給与手当、事業活動に要した旅費交通費等
管理費	法人会計	理事会、評議員会や社員総会の開催費用、登記関連費用等

Q 10 一般・公益法人が作成する 会計帳簿について教えてください

A 一般・公益法人が作成する会計帳簿には、主要簿、補助簿、その他の帳簿等があります。

　会計帳簿とは、主要簿である仕訳日記帳、総勘定元帳、補助簿である小口現金出納帳、固定資産管理台帳等、その他の帳簿として会計伝票、月次試算表等をいいます。

　各事業年度に係る計算書類は当該事業年度に係る会計帳簿により作成されなければならないとされています（法人法施行規則第29条）。

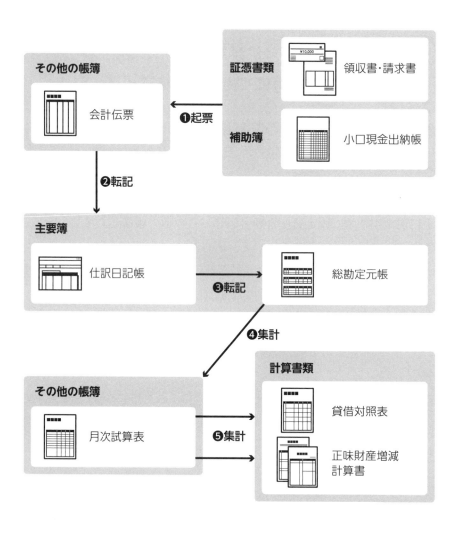

　会計伝票に記録された仕訳は仕訳日記帳に転記されます。その後、総勘定元帳に転記され、試算表に記載されます。最後に試算表の金額を基に計算書類が作成されます。

① **会計伝票の起票**…取引を基に会計伝票を作成します。複式簿記の仕組みに従って、取引について借方と貸方の仕訳を記載します。なお、会計伝票は証憑書類に基づいて作成し、証憑書類は会計記録との関係を明らかにして整理保存します。

② **仕訳日記帳への転記**…仕訳日記帳とは、日付順にすべての取引を記載した帳簿のことをいいます。会計伝票に記載された内容は仕訳日記帳に転記されます。

③ **総勘定元帳への転記**…総勘定元帳とは仕訳日記帳に記載された内容を勘定科目ごとに転記した帳簿です。

④ **月次試算表への集計**…月次試算表とは、仕訳日記帳から総勘定元帳へ正しく転記がされたのか確認するために作成する計算書です。総勘定元帳の各勘定科目について、借方合計と貸方合計を集計して作成されます。仕訳日記帳から総勘定元帳へ正しく転記が行われていれば、月次試算表では必ず借方と貸方の金額が一致します。

⑤ **計算書類の作成**…月次試算表の数値を基に計算書類を作成します。計算書類は運用指針において様式が示されています（詳しくは第4章**「Q35　移行法人・公益法人用に計算書類などの様式はありますか」**を参照してください。）。

11 勘定科目は何を使えば良いですか

A 勘定科目は運用指針にて例示されています。

❶ 会計基準で用いる勘定科目

　運用指針には、各計算書類で使用する勘定科目と取扱要領が示されています。会計基準に定められた勘定科目以外を用いることも認められていますが、法人独自の勘定科目を多用すると比較可能性が損なわれてしまう恐れがあるため、慎重な検討も必要となります。また、勘定科目は会計基準の改正により変更される可能性もあるため、最新の会計基準を確認して適切な勘定科目を用いることが重要となります。

❷ 勘定科目の区分

　一般・公益法人会計の勘定科目は大科目・中科目・小科目に大別され、次の図のような階層構造となっています。一般的には中科目まで区分・表示されていれば良いとされていますが、運用指針では法人の必要に応じて小科目を設定することが望ましいとされています。

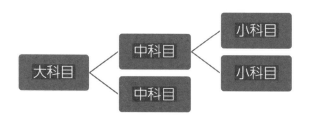

❸ 勘定科目の種類

　勘定科目には株式会社と同様、①収益・費用科目、②資産・負債科目の２種類があります。

　①と②は法人の一会計期間における損益計算（正味財産の増減計算）を行うために用いられます。①は一会計期間における法人の収益と費用を計算し活動成果を記録するために、②は一会計期間における法人の資産と負債の増減を把握し財政状態を記録するためにそれぞれ使用されます。

　運用指針では、各法人において事業の内容又は積立の目的が異なるため、内容又は目的に合致するような○○事業収益や○○積立資産といった科目例も示されています。

12 有価証券はどのように
処理したら良いですか

演習問題
アリ！
40ページへ

A 有価証券は保有目的に応じて会計処理を行います。

❶ 有価証券とは

　有価証券とは、債券（国債、地方債、社債等）、株式、証券投資信託の受益証券等をいいます。

　一般・公益法人では、事業を安定的、継続的に実施するために有価証券を保有する場合があります。配当金や利息等の運用益を事業活動に必要な資金の一部に活用することで、より充実した活動を行うことができるようになります。

　また公益法人は、他の団体の意思決定に関与できるほどの議決権数（過半数）を保持してはならないといった保有制限が設けられています（認定法第5条、認定法施行令第7条）。

勘定科目	内容
有価証券	債券（国債、地方債、社債等をいい、譲渡性預金を含む）のうち貸借対照表日の翌日から起算して1年以内に満期が到来するもの、又は債券、株式、証券投資信託の受益証券等のうち時価の変動により利益を得ることを目的とする有価証券
投資有価証券 （基本財産）	定款等に定められた基本財産として保有する有価証券
投資有価証券 （特定資産）	特定の目的に使用するために保有又は運用方法に制約のある有価証券
投資有価証券 （その他固定資産）	長期的に所有する有価証券で、基本財産又は特定資産に属さないもの

❷ 有価証券の評価方法

　有価証券は、保有する目的から①売買目的有価証券、②満期保有目的の債券、③子会社株式及び関連会社株式、④その他有価証券に区分され、それぞれ下記の方法により評価します。

①　**売買目的有価証券**…事業年度末日における時価をもって評価します。時価評価を行った場合における評価差額は、有価証券運用損益として正味財産増減計算書の一般正味財産増減の部へ計上します。

②　**満期保有目的の債券**…満期保有目的の債券を債券金額より低い価額又は高い価額で取得した場合において、取得価額と債券金額との差額の性格が金利の調整と認められるときは、当該債券は、事業年度末において、償却原価法により評価します。償却原価法とは取得価額と債券金額（額面金額）に差がある場合において、当該差額を取得時から満期までの期間に応じて加算又は減算する方法をいいます。

　ただし、当該差額の重要性が乏しいと認められる場合には、償却原価法によらないことができます。

③　**子会社株式及び関連会社株式**…取得時の購入額である取得価額をもって評価します。

④　**その他有価証券**…市場価格のあるものは、事業年度末日における時価をもって評価します。時価評価を行った場合における評価差額は、内容や種類に応じて基本財産評価損益、特定資産評価損益、投資有価証券評価損益又は為替差損益として計上します。

❸ 評価差額の表示区分

　有価証券の評価差額は、保有区分が指定正味財産か一般正味財産かにより、正味財産増減計算書上で表示区分が異なります。

① **指定正味財産として保有している有価証券の評価差額について**…正味財産増減計算書上の指定正味財産増減の部へ計上します。

② **一般正味財産として保有している有価証券の評価差額について**…正味財産増減計算書上の一般正味財産増減の部へ計上します。具体的には評価差額について経常収益あるいは経常費用に含めず、経常収益から経常費用を控除した評価損益等調整前当期経常増減額の下に、評価差額ごとに表示します。

> **設例** 有価証券の時価評価

　当期（X１年４月１日からX２年３月31日まで）において、基本財産として保有又は取得した株式（取得価額50,000,000円）は決算時に時価評価（X２年３月31日の市場価格55,000,000円）を行います。

X２年３月31日　決算整理事項

	借方		貸方	
	投資有価証券 （基本財産）	5,000,000	基本財産評価益 （一般又は指定）	5,000,000

※市場価格55,000,000－取得価額50,000,000＝5,000,000

設例 有価証券の会計処理

当期（X1年4月1日からX2年3月31日まで）において、X1年4月1日に満期（X6年3月31日）まで保有する目的で、額面1,000,000円の債券（年率3％、3月31日利払）を970,000円で購入しました。運用益は特定の事業に充当することとしています。額面金額と購入金額の差額は金利の調整と認められるため、償却原価法（定額法）により評価します。なお、源泉所得税については考慮しないこととします。

X1年4月1日　債券購入時

	借方		貸方	
	投資有価証券 （特定資産）	970,000	現金預金	970,000

X2年3月31日　利息受取時

	借方		貸方	
	現金預金	30,000	特定資産受取利息 （一般又は指定）	30,000

※額面金額1,000,000×年率3％＝30,000円

X2年3月31日　決算整理事項

	借方		貸方	
	投資有価証券 （特定資産）	6,000 [※]	特定資産受取利息 （一般又は指定）	6,000 [※]

※額面金額1,000,000－購入金額970,000＝30,000
　30,000÷60箇月×12箇月＝6,000

演習問題

〈有価証券の会計処理〉

解答は198ページ

　X1年4月1日に満期まで保有する目的で額面1,500,000円の国債を1,450,000円で購入し、預金より支払いました。額面金額と購入金額の差額は金利の調整と認められます。なお、この有価証券は基本財産及び特定資産に属さないものです。

　また、この国債はX11年3月31日に満期となりますので、償却原価法（定額法）により毎期5,000円ずつ償却します。

　当期（X1年4月1日からX2年3月31日まで）の仕訳を記入してください。

X1年4月1日　国債購入時

借方		貸方	

X2年3月31日　決算整理事項

借方		貸方	

演習問題
アリ！
44ページへ

Q 13 棚卸資産はどのように処理したら良いですか

A 事業年度末に有する商品や製品等を一定の評価方法で評価し、資産に計上します。

❶ 棚卸資産とは

棚卸資産とは、事業における商品や製品をいいます。このほか、事業年度中に使用しなかった消耗品や切手、印紙等も貯蔵品として棚卸資産に含まれます。

ただし、貯蔵品等のうち、重要性が乏しいものについては、買入時又は払出時に費用として処理し、棚卸資産を計上しない方法を採用することができます。

❷ 棚卸資産の勘定科目

棚卸資産として計上する勘定科目は事業の内容に異なりますが、主な例示は次のとおりです。

勘定科目	内容
貯蔵品	消耗品等で未使用の物品
医薬品	医薬品の棚卸高
診療・療養費等材料	診療・療養費等材料の棚卸高
商品・製品	売買又は製造する物品の販売を目的として所有するもの
仕掛品	製品製造又は受託加工のために現に仕掛中のもの
原材料	製品製造又は受託加工の目的で消費される物品で、消費されていないもの

❸ 棚卸資産の評価方法

　棚卸資産の評価は、取得価額により行いますが、事業年度の末日における時価が取得価額よりも低いときは時価により評価します。なお、棚卸資産の取得価額は、購入代価に付随費用（引取運賃・荷役費・運送保険料・購入手数料・その他の引取費用）を加算した金額です。

　また、棚卸資産の評価方法は各法人の経理規程や注記において、次のいずれかの方法を採用することとされています。

① **個別法**…取得原価の異なる棚卸資産を区別して記録し、個々の実際原価により期末棚卸資産の価額を算定する方法です。

② **先入先出法**…最も古く取得されたものから順次払出しが行われ、期末棚卸資産は最も新しく取得されたものからなるとみなして期末棚卸資産の価額を算定する方法です。

③ **総平均法**…取得した棚卸資産の平均原価を算出し、この平均原価により期末棚卸資産の価額を算定する方法です。総平均法では、期中に仕入れた棚卸資産の仕入価格の総額を個数で割り1個当たりの平均原価を求めます。

④ **移動平均法**…取得した棚卸資産の平均原価を算出し、この平均原価により期末棚卸資産の価額を算定する方法です。移動平均法では、仕入れのたび平均単価を算出し平均原価を求めます。

⑤ **売価還元法**…値入率等の類似性に基づく棚卸資産のグループごとの期末の売価合計額に、原価率を乗じて求めた金額を期末棚卸資産の価額とする方法です。

⑥ **最終仕入原価法**…最終仕入原価により期末棚卸資産の価額を算定する方法です。期末棚卸資産の大部分が最終の仕入価格で取得されている場合に用いることができます。

設例 〈棚卸資産の会計処理〉

当期（X1年4月1日からX2年3月31日まで）において、X2年3月15日に事業活動に使用するための切手を50,000円分購入しました。X2年3月31日に切手の残高を確認したところ、30,000円分が残っているため、棚卸資産として貸借対照表の流動資産の部へ計上します。

X2年3月15日　切手購入時

	借方		貸方	
	事業費－通信運搬費	50,000	現金預金	50,000

X2年3月31日　決算整理事項

	借方		貸方	
	貯蔵品	30,000	事業費－通信運搬費	30,000

〈棚卸資産の会計処理〉 　　　解答は199ページ

　X2年3月25日に切手10,000円分を現金で購入しました。全て翌年度に使用するため、購入時に貯蔵品として計上します。

　当期（X1年4月1日からX2年3月31日まで）の仕訳を記入してください。

X2年3月25日切手購入時

	借方		貸方	

演習問題アリ！
47ページへ

A 基本財産はその他固定資産と区分して資産に計上します。

❶ 基本財産とは

　基本財産とは、一般財団法人・公益財団法人が目的とする事業を行うために不可欠なものとして定款上で定められた資産をいいます（法人法第172条）。基本財産に計上される主な資産には土地、建物、定期預金又は投資有価証券があります。一般社団法人・公益社団法人については、法人法上基本財産に関する定めはありませんが、一般財団法人・公益財団法人の場合と同様、定款で定めた場合に保有することが可能です。なお、基本財産を定款に規定するかどうかは法人の任意です。

　また、基本財産の処分や担保を行う場合には制限が設けられていることが多く、やむを得ず処分等を行う場合については理事会の決議が必要となります。理事会に加えて評議員会又は社員総会の決議の要否は法人の定款や規程により異なるため、定款や規程を確認してください。

❷ 基本財産の会計処理

　基本財産は法人が保有する他の資産とは区別され、貸借対照表上、固定資産の部へ基本財産として表示されます。設立時または設立後に、寄附者より基本財産とすることを条件に拠出された金銭、土地又は建物等の資産については、正味財産の部において指定正味財産に該当します。一方、法人が理事会等の決定に基づき、自己保有の資金等の資産を基本財産とした場合は一般正味財産に該当します。

設例 〈基本財産（指定正味財産に該当）の会計処理〉

　一般財団法人である当法人は、当期（X1年4月1日からX2年3月31日まで）において、期首（X1年4月1日）に寄附者より基本財産とすることを条件に定期預金20,000,000円（年利0.3%）の寄附があり、当法人はこれを受け取りました。また期中に利払日（X2年2月15日）が到来したため、現金預金として受け取り、利息として処理します。なお、源泉所得税については考慮しないこととします。

X1年4月1日　寄附受取時

	借方		貸方	
	定期預金（基本財産）	20,000,000	受取寄付金（指定）	20,000,000

X2年2月15日　利息受取時

	借方		貸方	
	現金預金	60,000	基本財産受取利息（指定）	60,000
	一般正味財産への振替	60,000	基本財産受取利息（一般）	60,000

※　額面金額20,000,000×年率0.3%＝60,000

※指定正味財産から一般正味財産への振替の仕訳について、詳しくは第4章「**Q36　決算時の注意点について教えてください**」を参照してください。

演習問題

〈基本財産の会計処理〉 解答は200ページ

　Ｘ１年４月１日に一般財団法人を新たに設立し、設立後のＸ１年５月１日に代表理事より法人に現金10,000,000円の寄附があり、定期預金として計上しました。なお寄附者より、基本財産として計上し、運用益を実施事業の活動に充当する旨の指定を受けています。

　当期（Ｘ１年４月１日からＸ２年３月31日まで）の仕訳を記入してください。

Ｘ１年５月１日　寄附受入時

	借方		貸方	

Q 15 特定資産はどのように
処理したら良いですか

演習問題
アリ！
50ページへ

A 特定資産は基本財産、その他固定資産と区分して資産に計上します。

❶ 特定資産とは

　特定資産とは、一般・公益法人が特定の目的のために保有する資産をいいます。特定資産に計上される主な資産は基本財産と同様に土地、建物、定期預金又は投資有価証券です。特定資産は基本財産とは異なり、保有について定款に定める必要はありませんが、規程の策定は必要です。

❷ 特定資産の会計処理

　特定資産の会計処理について、寄附者の意思により拠出される財産に使途又は運用方法に制限がある場合は指定正味財産に該当します。

　会計基準では、特定の目的のために資産を有する場合は、当該資産の保有目的を表す独立の科目をもって、貸借対照表上区分表示することとしています。特定資産とされる主な科目は、退職給付引当資産のほか、○○周年記念事業積立資産や会館修繕積立資産のような、特定費用準備資金や資産取得資金に該当するものがあります（詳しくは第5章「**Q43 資産取得資金と特定費用準備資金とは何ですか**」を参照してください。）。

設例 〈退職給付引当資産の会計処理〉

　一般財団法人である当法人は、退職金給付規程に則り、将来の職員の退職に備えて退職給付引当金を設定しています。当期（X1年4月1日からX2年3月31日）の負担に属する退職給付引当額は10,000,000円でした。また退職給付引当金と同額を、一般正味財産を財源とする退職給付引当資産として積み立て、実際の退職給付に備えています。

X2年3月31日　決算整理事項

	借方		貸方	
	特定資産－退職給付引当資産（一般）	10,000,000	現金預金	10,000,000

※　退職給付引当金については、詳しくは第3章「**Q17　退職給付引当金はどのように処理したら良いですか**」を参照してください。

演習問題

〈特定資産の積立〉 解答は201ページ

　当期末（X2年3月31日）において、理事会で周年事業開催のための積立金として3,000,000円積み立てることとしました。そのため一般正味財産として保有している普通預金3,000,000円を定期預金に振り替えました。

　当期（X1年4月1日からX2年3月31日まで）の仕訳を記入してください。

　X2年3月31日　特定資産の積み立て

	借方		貸方	

〈特定資産の取崩〉

解答は202ページ

　Ｘ２年度において周年事業を開催するため、Ｘ２年３月31日より計上していた周年事業積立資産の取り崩しを行う予定です。Ｘ２年10月１日に周年事業の開催に伴い、周年事業積立資産3,000,000円を取り崩し、会場費1,500,000円、消耗品費1,500,000円の支払いに充当しました。

　当期（Ｘ２年４月１日からＸ３年３月31日まで）の仕訳を記入してください。

Ｘ２年10月１日　積立金の取り崩し

	借方		貸方	

Q 16 引当金とはどのようなものですか

A 引当金とは、将来の費用のうち当期に属する金額を費用として計上した際に繰り入れられる負債の額をいいます。

❶ 引当金とは

引当金とは、将来の特定の費用又は損失であって、その発生が当期以前の事象に起因し、発生の可能性が高く、その金額を合理的に見積もることができる場合に、当期の費用として計上するとともに、負債として繰り入れられる金額をいいます。引当金は貸借対照表の負債の部へ計上又は資産の部へ控除項目として記載します。

❷ 引当金の種類

法人の活動の実態に合わせて下記の引当金を計上することができます。各引当金の会計処理については、「Q17　退職給付引当金はどのように処理したら良いですか」「Q18　賞与引当金はどのように処理したら良いですか」「Q19　貸倒引当金はどのように処理したら良いですか」も併せて参照してください。

① **退職給付引当金**…将来支給する職員の退職金のうち、事業年度末までの負担に属する金額の見積額

② **賞与引当金**…翌期に支給する職員の賞与のうち、支給対象期間が当期に帰属する支給見込額

③ **貸倒引当金**…法人が有する金銭債権のうち、回収不能が見込まれる金額の見積額

Q 17 退職給付引当金はどのように処理したら良いですか

演習問題アリ！
56ページへ

A 将来の退職給付のうち当期に属する金額を見積り、費用に計上するとともに負債に計上します。

1 退職給付引当金とは

退職給付引当金とは、将来支給する職員の退職金のうち、事業年度末までの負担に属する金額の見積額をいいます。職員に対し退職金を支給することが規程等で定められている場合には、将来支給する退職金のうち、当該事業年度の負担に属すべき金額を退職給付費用に計上し、負債として認識すべき残高を退職給付引当金として計上します。

実際の退職給付に対応するため、退職給付引当金に対応する金額を退職給付引当資産として特定資産へ計上することも可能です（詳しい会計処理については「**Q15 特定資産はどのように処理したら良いですか**」を参照してください。）。

2 退職給付引当金の算定方法

退職給付引当金の会計処理には次の図表のような方法があり、それぞれ法人の規模や掛金の拠出方法、算定される金額の重要性により、いずれかの処理方法を定めることとなります。

実務上は、加入している退職共済制度や退職金給付規程等において示されている会計処理により行う必要があります。

また中小企業退職金共済制度（中退共）や確定拠出年金制度のように、拠出以後に法人へ追加的な支払負担が生じない外部拠出型の退職金制度

は、当該制度に基づく要拠出額である掛金額を退職給付費用として費用処理します。この場合、法人側には職員の退職時に退職一時金等を支給する義務がないことから、退職給付引当金を計上する必要はありません。

拠出以後に追加的な負担が生じない外部拠出型の制度

はい

【掛金額をもって費用処理】
Ex.(独)勤労者退職金共済機構中小企業退職金共済制度等

いいえ

都道府県等の実施する退職共済制度を導入している。
又は、退職給付の対象となる職員数が300人未満若しくは年齢や勤務期間に偏りがある。

いいえ

はい

【退職給付に関する会計基準に基づく会計処理】
Ex.法人独自の退職金制度等

【期末要支給額による算定(原則法)】
● 退職給付引当金−期末退職金要支給額※
● 退職給付引当資産−法人掛金累計額

【期末要支給額による算定(簡便法1)】
● 退職給付引当金−期末退職金要支給額※
● 退職給付引当資産−期末退職金要支給額※

【期末要支給額による算定(簡便法2)】
● 退職給付引当金−法人掛金累計額
● 退職給付引当資産−法人掛金累計額
Ex.都道府県等の実施する退職共済制度等

※期末退職金要支給額:退職一時金制度等の約定の給付額から職員個人負担分の掛金累計額を差し引いた額

設例 〈外部拠出型の退職金制度を利用した場合〉

　当期（X1年4月1日からX2年3月31日まで）において、退職給付の対象となる職員数が300人未満であり、中小企業退職金共済制度（中退共）に加入しています。

　X2年3月18日に、職員10名分の掛金200,000円を支払いました。

X2年3月18日　掛金振込時

	借方		貸方	
	退職給付費用	200,000	現金預金	200,000

設例 〈退職金給付規程で退職一時金の支給が定められている場合〉

　当社は退職金給付規程に基づき、職員の退職時に退職一時金を支給することとしています。従業員数が300人未満であることから、簡便法により退職給付引当金の計算を行います。前期末の退職給付引当金は3,500,000円であり、当期末の退職給付要支給額は4,200,000円です。

X2年3月31日　決算整理事項

	借方		貸方	
	退職給付費用	700,000	退職給付引当金	700,000

※当期末退職給付要支給額4,200,000－前期末退職給付引当金3,500,000＝700,000

演習問題

解答は203ページ

〈退職給付引当金の会計処理〉

当法人は中小企業退職金共済制度（中退共）に加入し、X1年5月10日に掛金500,000円を預金から支払いました。

また、X1年9月30日に退職する職員について、退職金請求の手続きを行いました。

当期（X1年4月1日からX2年3月31日まで）の仕訳を記入してください。

X1年5月10日　掛金振込時

	借方		貸方	

X1年9月30日　職員退職時

	借方		貸方	

X2年3月31日　決算整理事項

	借方		貸方	

Q 18 賞与引当金はどのように処理したら良いですか

演習問題アリ！
60ページへ

A 翌期の賞与支給額のうち当期に属する金額を見積り、費用に計上するとともに負債に計上します。

❶ 賞与引当金とは

　賞与引当金とは、翌期に支給する職員の賞与のうち、支給対象期間が当期に帰属する支給見込額をいいます。給与規程等において職員に支給する賞与の支給対象期間に定めがあり、当該支給対象期間が事業年度と一致していない場合に賞与引当金を計上します。

　例として、賞与支給対象期間が12月から5月まで、翌期の支給月が6月の3月決算法人の場合を挙げています。当該場合、翌期の6月に支給される賞与のうち、12月から3月までの4箇月分は当期の負担に属するため、費用である賞与引当金繰入と、負債である賞与引当金を計上します。

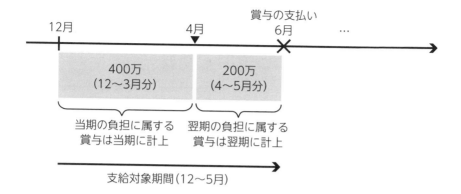

② 賞与引当金の算定方法

　過去の賞与支給実績、法人の業績、労使間の協定内容、翌期の給与ベースアップ等を勘案して翌期の賞与支給見込額を算出し、また賞与支給見込額に対して法人が負担する法定福利費（社会保険料、雇用保険料等）の見込額を加えます。これらを合計した見込額のうち、当期に帰属する金額を賞与引当金として計上します。

設例 〈賞与引当金の会計処理〉

　当法人の賞与の支給対象期間は毎年6月から11月及び12月から翌年5月です。当期（X1年4月1日からX2年3月31日まで）において、翌期の賞与支給日（X2年6月30日）の賞与支給見込額及び法人が負担する法定福利費の見込額の合計が5,400,000円と見込まれました。X2年3月31日に当期に帰属する賞与引当金を計上します。

X2年3月31日　決算整理事項

	借方		貸方	
	賞与引当金繰入	3,600,000	賞与引当金	3,600,000

※5,400,000×4箇月/6箇月＝3,600,000

演習問題

〈賞与引当金の会計処理〉　　　解答は204ページ

　X2年3月31日に決算整理事項として賞与引当金を計上します。職員賞与は給与規程において、以下のように定められています。翌年度の6月賞与の支給見込額は6,000,000円です。

・賞与支給月　6月、12月
・賞与支給対象期間　6月賞与12〜5月、12月賞与6〜11月

　なお、当期末において前年度から繰り越された賞与引当金はないものとします。

　当期（X1年4月1日からX2年3月31日まで）の仕訳を記入してください。

X2年3月31日　決算整理事項

	借方		貸方	

Q 19 貸倒引当金はどのように処理したら良いですか

演習問題アリ！
64ページへ

A 法人が有する金銭債権のうち、回収不能と見込まれる金額を見積り、金銭債権の金額から控除します。

❶ 貸倒引当金とは

　貸倒引当金とは、事業年度末において法人が保有する金銭債権のうち、回収不能と見込まれる金額の見積額をいいます。法人の活動により発生した売掛金や未収金等は金銭債権であり、相手先の支払い能力によっては回収不能になる恐れがあります。そのため、金銭債権については回収不能の見積額を控除して評価することとしており、貸借対照表においては①貸倒引当金を資産の控除項目（マイナス項目）として表示します。また、貸倒引当金を表示する方法によらず、②該当する金銭債権から直接控除する方法とすることもできます。

① **間接法**…貸倒引当金を表示する方法

貸借対照表		
資産の部		負債の部
未収金	1,000,000	
貸倒引当金	△50,000	正味財産の部

② **直接法**…該当する金銭債権から直接控除する方法

貸借対照表		
資産の部		負債の部
未収金	950,000	正味財産の部

❷ 貸倒引当金の対象となる金銭債権

　貸倒引当金の対象となる主な金銭債権は売掛金、受取手形、未収金や貸付金になります。

❸ 貸倒引当金の算定方法

　事業年度末の金銭債権を①個別評価債権と②一般債権に区分し、前者は個別債権毎に貸倒引当額を見積もり、後者は過去における貸倒の実績に応じた貸倒実績率を債権金額に乗じて見積もります。

①　**個別評価債権**…原則として、毎事業年度末において回収することが不可能な債権を個別に判断します。

②　**一般債権**…一般債権とは①以外の債権をいいます。一般債権については、原則として過去の貸倒実績率を債権金額に乗じて算出される金額を貸倒引当金として計上します。また一般・公益法人は、貸倒実績率に代わり法定繰入率を用いて貸倒引当額を見積もることが認められています（租税特別措置法第57条の9）。

設例〈貸倒引当金の会計処理〉

　一般社団法人である当法人は、当期（X1年4月1日からX2年3月31日まで）において、決算整理事項として貸倒引当金を計上します。当期末（X2年3月31日）時点において、実施事業に対するA社の金銭債権を5,000,000円保有しており、当期における貸倒実績率は0.4%です。また前年度からの繰越額は10,000円です。

X2年3月31日　決算整理事項

	借方		貸方	
	事業費－貸倒引当金繰入	10,000	貸倒引当金	10,000 [※]

※貸倒引当金：金銭債権5,000,000×貸倒実績率0.4%＝20,000
　当期計上額：当年度引当金20,000－前年度繰越額10,000＝10,000

演習問題

解答は205ページ

〈貸倒引当金の会計処理〉

　公益財団法人である当法人は、当期末（Ｘ２年３月31日）に公益目的事業の未収金に対する決算整理事項として貸倒引当金を計上します。当期末時点における未収金は3,500,000円であり、貸倒実績率は１％です。なお、未収金には回収不能の可能性が極めて高い債権、回収不能の恐れのある債権は含まれていないものとします。また貸倒引当金の前年度からの繰越額は5,000円です。

　当期（Ｘ１年４月１日からＸ２年３月31日まで）の仕訳を記入してください。

Ｘ２年３月31日　決算整理事項

	借方		貸方	

Q 20 寄附はどのように処理したら良いですか

A 受け取った寄附の目的に応じて適切な勘定科目に計上します。

❶ 寄附の範囲

　寄附とは、寄附者により法人の事業のために行われる金銭の供与もしくは資産の贈与をいいます。寄附金の金額は、金銭の場合は当該金銭の金額で、物品の場合は取得時の時価あるいは公正な評価額により決定されます。また、飲食物等の即日消費されるものや、社会通念上寄附金として扱うことが不適当なものは寄附金として計上できません。

　特に公益法人に対する寄附は、「民による公益の増進」を図るために、所得税や法人税等の各種税金において税制優遇が設けられています。

❷ 寄附を受領した場合の考え方

　寄附金銭や寄附物品を受領した場合には、寄附目的に応じて、指定正味財産あるいは一般正味財産に計上されます。寄附者は寄附申込書を記載し、内容により寄附金を計上する会計区分を決定します。

　寄附の使途の指定については、寄附申込書へ具体的な事業名が記載されている必要があります。例えば複数の公益目的事業を行う公益法人が寄附を受領した場合、「公益目的事業のために使用してほしい」という文言は使途が制約されたとはいえないとされています。そのため上記のような場合は、指定正味財産に計上することは適切とはいえず、受領した寄附は一般正味財産増減の部の経常収益へ計上します（実務指針Q14、FAQ　V-4-⑫）。

❸ 寄附の使途が指定されている場合の会計処理

法人が受け入れた寄附のうち、寄附者により使途が具体的に指定されている場合は指定正味財産として処理します。指定正味財産として寄附された資産は、基本財産あるいは特定資産のいずれかに区分して表示されます。

> **設例** 〈寄附者より株式の寄附を受けた場合〉

公益財団法人である当法人は、当期（X1年4月1日～X2年3月31日）において、公益目的事業の1つである奨学金の支給に充当するため、当期首に寄附者から基本財産として10,000株の株式の寄附を受けました。受け入れ時点の公正な評価額は1株当たり5,000円です。

X1年4月1日　株式寄附受入時

借方		貸方	
投資有価証券 （基本財産）	50,000,000	投資有価証券受贈益 （指定）	50,000,000

❹ 寄附の使途が指定されていない場合の会計処理

法人が受け入れた寄附のうち、寄附者より寄附の使途が具体的に指定されていない場合は、一般正味財産として処理します。

　公益財団法人である当法人は、当期首（X1年4月1日）において、寄附者より5,000,000円の現金寄附を受けました。なお、寄附者から使途についての指定はありません。

　X1年4月1日　現金寄附受入時

	借方		貸方	
	現金預金	5,000,000	受取寄付金（一般）	5,000,000

Q21 会費はどのように処理したら良いですか

A 会費は収納した時に一般正味財産として処理をします。

❶ 会費とは

　会費とは、法人の運営・維持に必要な費用として会員が負担する金額（経費）をいいます。ただし社団法人と財団法人とでは法人格の違いから法人法上も会費の位置づけがそれぞれ異なります。

　具体的には、社団法人における会費は、当該法人が定款で会費の徴収につき定めた場合において、当該社員に該当する者が支払義務を負うものです（法人法第27条）。一方で財団法人における会費の徴収の有無は任意であり、法人法上支払い義務はありません。また公益財団法人が徴収する会費は、基本的には認定法上の寄附金として取り扱われ、別段の定めがある場合を除き、公益目的事業の会計区分に計上されます（詳しくは第4章「**Q36　決算時の注意点について教えてください**」を参照してください。）。

❷ 会費が納入された場合の会計処理

　受け取る会費のうち、特定の事業のために納入される会費を除き、定款上で別段の定めがない場合は、使途が明らかでないことから一般正味財産として計上します（実務指針Q13～16、FAQ　V-4-⑫, VI-2-④）。

68

設例 〈会費が納入された場合〉

　一般社団法人である当法人は、当期首（X1年4月1日）において、10名の社員から会費（12,000円/人）の納入を確認しました。

X1年4月1日 会費納入時

	借方		貸方	
	現金預金	120,000	受取会費（一般）	120,000

※12,000×10名＝120,000

Q **22** 減価償却はどのように
処理したら良いですか

演習問題
アリ！
75ページへ

A 減価償却は固定資産の取得価額を耐用年数に応じて各事業年度へ費用として配分します。

❶ 減価償却とは

　減価償却とは一般・公益法人の損益計算を行う上で、固定資産の取得価額を耐用年数に応じて、各事業年度に費用として配分することをいいます。固定資産は、土地等を除き、使用又は時の経過により価値が減少するものと考えられています。そのため、固定資産の取得に要した金額を使用可能期間にわたり、分割して費用として計上します。

減価償却のイメージ

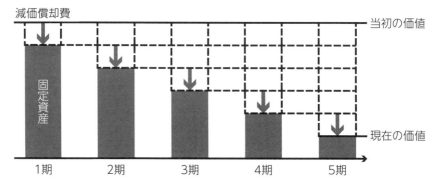

❷ 減価償却の対象

減価償却の対象となる固定資産は、耐用年数が１年以上、かつ、１個（組）の金額が10万円以上で、使用又は時の経過により価値が減少する有形固定資産及び無形固定資産となっています。

したがって、耐用年数が１年未満又は１個（組）が10万円未満の消耗品等や非償却資産である土地、借地権、建設仮勘定、電話加入権等については減価償却を行いません。

❸ 減価償却の方法

有形固定資産の減価償却は、主に①定額法又は②定率法のいずれかの方法により行います。また、無形固定資産の減価償却は①定額法で行います。

なお、法人が選択した減価償却の方法は経理規程に定め、財務諸表の注記で表示します。

① **定額法**…定額法とは、耐用年数に基づいた毎期均等額の減価償却費を計上する方法をいいます。定額法によれば毎事業年度同額の減価償却費が計上されます。定額法による減価償却費の計算は次の算式により行います。

減価償却費＝取得原価×定額法の償却率

② **定率法**…定率法とは、耐用年数に基づき毎期首未償却残高に一定の償却率を乗じて減価償却費を計上する方法をいいます。定率法によれば減価償却費は耐用年数の初期ほど多く計上され、次第に減少していくこととなります。定率法による減価償却費の計算は次の算式により行います。

減価償却費＝期首帳簿価額×定率法の償却率

ただし、償却保証額（取得価額に保証率を乗じた額）に満たなくなっ

た年度以後は次の算式により行います。

　減価償却費＝改定取得価額（償却保証額に満たなくなる事業年度の期首未償却残高）×改定償却率

　なお、これらの算式にある償却率、保証率や改定償却率は「減価償却資産の耐用年数等に関する省令」（昭和40年大蔵省令第15号）の別表に定額法、定率法のそれぞれの場合が記載されています。

❹ 減価償却における耐用年数

　減価償却の計算を行う場合における償却率等は固定資産の耐用年数により異なります。そのため、原則として「減価償却資産の耐用年数等に関する省令」（昭和40年大蔵省令第15号）に記載された耐用年数を用います。

❺ 有形固定資産の残存価額

　有形固定資産は減価償却により帳簿価額が減少していきますが、耐用年数を経過したからといって無価値になるものではありません。そこで、平成19年３月31日までに取得した有形固定資産は耐用年数が経過した時点での残存価額を取得原価の10％として、減価償却の計算を行っていました。

　しかし、平成19年４月１日以降に取得した有形固定資産は残存価額をゼロとし、償却累計額が取得価額から備忘価額（１円）を控除した金額に達するまで償却を行うこととなりました。

❻ 減価償却累計額の表示

　有形固定資産に対する減価償却累計額の表示については、①直接法又は②間接法のいずれかにより行います。無形固定資産の表示については①直接法のみとなっています。

例として、取得価額200,000,000円、減価償却累計額50,000,000円の建物を保有している場合を挙げています。

① **直接法**…固定資産の金額から減価償却累計額を直接控除した残額のみ表示する方法をいいます。

貸借対照表		
資産の部	負債の部	
建物　　　　　　　　150,000,000	正味財産の部	

② **間接法**…固定資産の控除科目として減価償却累計額を表示する方法をいいます。

貸借対照表		
資産の部	負債の部	
建物　　　　　　　　200,000,000		
減価償却累計額　　△50,000,000	正味財産の部	

設例 〈減価償却の会計処理〉

当期（X1年4月1日からX2年3月31日まで）において、X1年4月1日に本社建物（その他固定資産）を50,000,000円で購入し、普通預金から支払いました。

建物の耐用年数は50年（定額法償却率0.02）で、減価償却は定額法で行います。また、この法人では、減価償却累計額について直接法により表示しています。

Ｘ１年４月１日　建物購入時

	借方		貸方	
	建物 （その他固定資産）	50,000,000	現金預金	50,000,000

Ｘ２年３月31日　決算整理事項

	借方		貸方	
	減価償却費	1,000,000	建物 （その他固定資産）	1,000,000

※建物50,000,000×償却率0.02＝1,000,000

演習問題

〈減価償却の会計処理〉

解答は206ページ

　X1年4月1日に預金支払いにより取得した事業用建物（基本財産）60,000,000円について、決算整理事項として減価償却費を計上します。

　耐用年数は50年（定額法償却率0.02）で、減価償却は定額法で行います。また、この法人では、減価償却累計額については直接法により表示しています。

　当期（X1年4月1日からX2年3月31日まで）の仕訳を記入してください。

X1年4月1日　建物取得時

	借方		貸方	

X2年3月31日　決算整理事項（減価償却費計上）

	借方		貸方	

演習問題 アリ！
81ページへ

Q 23 リースはどのように処理したら良いですか

A リースは取引の内容に応じて、資産を賃貸借又は売買したものとして会計処理を行います。

❶ リース取引とは

　リース取引とは、貸手であるリース会社が購入したリース物件を借手である一般・公益法人が使用して、使用料を支払う取引をいいます。リース取引は取引の内容に応じて、通常の賃貸借処理又はリース物件を購入したとみなして固定資産に計上する売買処理により会計処理を行います。なお、リース取引にはレンタル取引や割賦購入は含まれません。

❷ リース取引の区分

　リース取引は①ファイナンス・リース取引と②オペレーティング・リース取引に区分されます。

① **ファイナンス・リース取引**…ファイナンス・リース取引とは、中途解除をすることができないリース取引で、リース物件の使用により生じる保守や修繕等の費用が全て借手の負担となるリース取引をいいます。ファイナンス・リース取引は、重要性が乏しいと認められる場合を除き売買処理を行います。

② **オペレーティング・リース取引**…オペレーティング取引とは、ファイナンス・リース取引以外のリース取引をいいます。オペレーティング・リース取引は賃貸借処理を行います。

　リース取引は次の方法で区分し、会計処理を行います。

以下の条件を満たすか？
- リース料総額の現在価値≧見積現金購入価格の90%
- 解約不能リース期間≧経済的耐用年数の75%
  （リース料総額の現在価値が90%を大きく下回るものを除く）

YES → ファイナンス・リース

NO → オペレーティング・リース

以下のいずれかに該当するか？
- 譲渡条件付リース
- 割安購入選択権付リース
- 特別仕様物件のリース

YES → 所有権移転

NO → 所有権移転外

リース料総額が購入時に一括費用処理する基準以下
もしくはリース期間が1年以内か？

NO（所有権移転）

NO（所有権移転外）

YES

1契約あたりのリース料総額が
300万円以下か？

NO

リース比率が10%未満か？

NO → 利息法

YES → 定額法

YES → 控除しない

賃貸借取引と同様

図：リース取引における会計処理の判定

❸ ファイナンス・リース取引の会計処理

　ファイナンス・リース取引では、重要性が乏しいと認められる場合を除き売買処理を行います。重要性が乏しいと認められる場合とは、リース契約1件あたりのリース料総額が300万円以下であるリース取引やリース期間が1年以内のリース取引をいい、この場合には賃貸借処理によることができます。

　売買処理を行う場合には、リース料総額から利息相当額を控除した額をリース資産及びリース債務に計上します。利息相当額とは、リースが通常複数年にわたって行われるため、リース料総額にはリース物件の取得原価に加えて支払利息が含まれているものと考え、資産及び負債の評価額から除くものです。

　利息相当額の各事業年度への配分は原則として①利息法により行いますが、重要性が乏しいと認められる場合には②定額法、③利息相当額を控除しない方法によることができます。

① 　**利息法**…利息相当額を除いたリース料総額の残高に一定の利率を乗じて、支払利息相当額を算定する方法をいいます。

② 　**定額法**…利息相当額の総額をリース期間中の各期に定額で配分する方法をいいます。

③ 　**利息相当額を控除しない方法**…利息相当額をリース料総額から控除しない方法をいいます。この方法による場合、リース資産及びリース債務はリース料総額が計上されます。

　なお、利息相当額の各事業年度への配分において、リース料総額に重要性が乏しいと認められる要件は次のとおりです。

$$\frac{未経過リース料の期末残高（A）}{（A）＋有形固定資産及び無形固定資産の期末残高（法人全体）} \leqq 10\%$$

設例〈リース取引の会計処理〉

当期（X1年4月1日からX2年3月31日まで）において、X2年3月1日に事業用車輛をリースしました。この車輛は所有権移転外ファイナンス・リースに該当するものでありリース資産への計上額は4,200,000円です。リース期間は5年間で毎月末日にリース料80,000円を預金より支払います（リース料総額4,800,000円）。リース料総額とリース資産の差額600,000円は利息相当額です。

また、利息相当額の配分についてはリース資産総額に重要性が乏しいと認められるため、利息相当額の総額をリース期間中の各期に定額で配分する方法により行います。

減価償却はリース期間定額法により行います。

X2年3月1日　リース取引開始時

	借方		貸方	
	リース資産 （その他固定資産）	4,200,000	リース債務（負債）	4,200,000

X2年3月31日　リース料支払時

	借方		貸方	
	リース債務（負債）	80,000	現金預金	80,000

X2年3月31日　決算整理事項（減価償却費の計上）

	借方		貸方	
	事業費－減価償却費	70,000 [※]	リース資産 （その他固定資産）	70,000 [※]

※リース資産4,200,000×1箇月/リース期間60箇月=70,000

X2年3月31日　決算整理事項（リース取引利息額の計上）

	借方		貸方	
	事業費－支払利息	10,000	リース債務（負債）	10,000

※利息相当額600,000×1箇月/リース期間60箇月＝10,000

演習問題

〈リース取引の会計処理〉 解答は207ページ

　Ｘ２年２月１日に車輌をリースしました。この車輌は所有権移転外ファイナンス・リースに該当するものです。リース期間は６年間で毎月末日にリース料60,000円を預金より支払います（リース料総額4,320,000円）。

　また、利息相当額の配分についてはリース資産総額に重要性が乏しいと認められるため、リース料総額から利息相当額の合理的な見積額を控除しない方法によります。なお、利息相当額を控除しない方法ではリース資産としてリース料総額を計上します。

　減価償却はリース期間定額法により行います。

　当期（Ｘ１年４月１日からＸ２年３月31日まで）の仕訳を記入してください。

Ｘ２年２月１日　リース取引開始時

	借方		貸方	

Ｘ２年２月28日　リース料支払時

	借方		貸方	

Ｘ２年３月31日　リース料支払時

	借方		貸方	

Ｘ２年３月31日　決算整理事項（減価償却費計上）

	借方		貸方	

Q 24 基金はどのように処理したら良いですか

A 基金は指定正味財産及び一般正味財産とは区分して表示されます。

❶ 基金制度とは

基金制度とは、社団法人の財産的基礎を築くために設けられた制度です。基金の使途についての制限はなく、法人が自由に活用してよいとされています。基金は法人により任意に設けることは可能ですが、一定の事項を定款へ記載しなければなりません（法人法第131条）。また基金には返還義務があります。基金へ拠出した者と合意した期日や、事業年度末時点の貸借対照表上の純資産額が基金の総額を上回った場合に基金は返還されます。いずれの場合においても、定時社員総会での同意が必要です。

なお、財団法人には当該基金制度はありません。

❷ 基金の設定

基金を設定した場合、貸借対照表の正味財産の部に「基金」として表示し、また基金に関する増減は正味財産増減計算書の基金増減の部に表示し、指定正味財産及び一般正味財産とは区分して表示されます。

設例 〈基金の設定時〉

当社は一般社団法人です。社団の設立時に基金を設けることとしたため、200口（一口あたり50,000円）の募集を行い、申込者から拠出を

受けました。

	借方		貸方	
	現金預金	10,000,000	基金（正味財産の部）	10,000,000

❸ 代替基金制度

　期末における純資産額が基金の総額を超過した場合は、超過額を限度
として基金を返還することが認められています。基金の返還時には定時
社員総会での決議が必要です。基金を返還した際は返還額と同額を代替
基金として繰り入れなければなりません。代替基金は基金と異なり取り
崩すことができません。代替基金は財源が一般正味財産であることから、
貸借対照表上一般正味財産の部に計上され、他の一般正味財産とは区分
して表示されます。

> ### 設例 〈基金の返還時〉

　一般社団法人である当法人は、当期末（X2年3月31日）において純
資産額が基金の額を超過したため、基金を返還することとなり、社員総
会にて決議が採択されました。

　基金の総額は50,000,000円であり、当期末における純資産額は
55,000,000円です。

	借方		貸方	
返還	基金返還額 （基金増減の部）	5,000,000	現金預金	5,000,000
代替 基金	基金 （正味財産の部）	5,000,000	代替基金 （一般正味財産）	5,000,000

Q25 共通収益・経費の配賦方法を教えてください

A 共通収益・経費は合理的な配賦基準を法人で定め、会計区分に配賦します。

❶ 複数の会計区分に共通して発生する収益及び費用について

　一般・公益法人には会計区分があり、会計区分ごとに会計帳簿に記録された正確な数字が反映された計算書類を作成する必要があります。特に公益法人は、正味財産増減計算書内訳表を作成しなければなりません。直接各会計区分に紐づく取引もありますが、全ての取引が各会計区分に適切に対応できるとは限らず、複数の会計区分に共通して発生する取引もあります。したがって、適正な損益計算を行うためには、共通経費の適切な配賦が必要となります。

❷ 共通経費の配賦基準の種類

　共通経費の主な例として、複数の会計区分に共通して従事している職員の人件費、施設全体の水道光熱費や減価償却費があります。これらの共通経費は、過去の活動実績や関連費用のデータ等、法人において合理的と考える一定の配賦基準により、各区分に費用の配賦を行います。どのような配賦基準を用いればよいかについて、行政庁により次のとおり例示されています（公益認定等ガイドライン、FAQ　V-3-②）。

配賦基準	適用される共通経費
建物面積比	地代、家賃、建物減価償却費、建物保険料等
職員数比	福利厚生費、事務用消耗品費等
従事割合	給与、賞与、賃金、退職金、理事報酬等
使用割合	備品減価償却費、コンピューターリース代等

　また、採用した配賦基準は継続性の原則により合理的な変更理由がない限り、継続して適用することとなります。

　なお、役員報酬や管理部門の人件費といったいわゆる法人の運営にかかる経費についても、法人の活動実態に合わせて各会計及び事業区分へ配賦することができます。

❸ 共通経費の会計処理

　共通経費の会計処理を行う時期については、法人ごとに異なりますが、事業年度末の決算時に決算整理事項として確認されることもあります（詳しくは第4章「**Q36　決算時の注意点について教えてください**」を参照してください。）。

設例〈共通経費の配賦〉

　公益社団法人である当法人は、事業を行うために事務所を賃借し、毎月50万円を支払っています。期中は一括して法人会計より支出し、決算時に各会計区分へ配賦をしています。期末時点の配賦基準は、公益目的事業60%、収益事業30%、法人会計10%です。

X2年度各月末時点　法人会計

	借方		貸方	
	管理費－賃借料	500,000	現金預金	500,000

X2年3月31日時点　決算整理事項（公益目的事業会計）

	借方		貸方	
	事業費―賃借料	3,600,000	法人会計	3,600,000

※500,000×12箇月＝6,000,000
※6,000,000×60％＝3,600,000

X2年3月31日時点　決算整理事項（収益事業等会計）

	借方		貸方	
	事業費―賃借料	1,800,000	法人会計	1,800,000

※500,000×12箇月＝6,000,000
※6,000,000×30％＝1,800,000

X2年3月31日時点　決算整理事項（法人会計）

	借方		貸方	
	公益目的事業会計	3,600,000	管理費－賃借料	5,400,000
	収益事業等会計	1,800,000		

※「公益目的事業会計」「収益事業等会計」「法人会計」といった科目は内部取引を表す勘定科目であり、貸借対照表内訳表を作成した場合には内部取引等消去欄で相殺されます（詳しくは「**Q26 法人内部での取引はどのように処理したら良いですか**」を参照してください。）。

Q 26 法人内部での取引はどのように処理したら良いですか

A 法人内部での取引は計算書類上で相殺消去を行う必要があります。

❶ 法人の内部取引とは

　一般・公益法人では、法人の会計や事業ごとに会計区分や事業区分を設けて会計処理を行います。そのため、これらの各会計区分間で共通収益・経費を合理的な配賦基準により配賦した場合、資産や負債に関する資金移動をした場合等により生じる取引を内部取引といいます。

　内部取引は区分ごとの正味財産増減計算を行う上で重要であり、法人全体で見た場合には収益や費用、資産や負債等が過大や過少となり法人の実態を表していません。そこで、計算書類の作成時には内部取引の相殺消去を行って表示します。

❷ 内部取引を相殺消去する

　会計基準では、会計区分間の内部取引が存在する場合について、正味財産増減計算書内訳表において内部取引高の相殺消去を定めています（会計基準注解（注2））。また、資金不足による会計区分間の貸借や立替金等が存在する場合は貸借対照表内訳表において内部取引高の相殺消去を定めています（会計基準注解（注2））。

　運用指針には、内部取引を示す科目の例示がないため、法人ごとに相殺消去の対象となる科目を設定する必要があります。

Q 27 関連当事者との取引について教えてください

A 関連当事者とは法人と関連がある者をいい、一定の取引については計算書類に注記する必要があります。

　関連当事者との取引は、通常の外部業者との取引に比べると対等な立場で行われないおそれがあり、法人の財務内容に影響を及ぼすことが考えられます。そのため会計基準では、関連当事者との取引のうち一定のものについては、計算書類に注記することとしています（詳しくは第4章「**Q32　財務諸表に対する注記について教えてください**」を参照してください。）。

　具体的な関連当事者の範囲とその内容は次のとおりです（会計基準注解（注17））。

関連当事者	内容
当該公益法人を支配する法人	当該公益法人の財務及び事業の方針を決定する機関を支配している法人で、運用指針に定める一定の要件を満たす法人との取引
当該公益法人によって支配される法人	当該公益法人が他の法人の財務及び事業の方針を決定する機関を支配している法人で、運用指針に定める一定の要件を満たす法人との取引
当該公益法人と同一の支配法人を持つ法人	当該公益法人を支配する法人が、当該公益法人以外に支配している法人との取引
当該公益法人の役員又は評議員及びそれらの近親者	次に該当する者との取引 ①役員又は評議員及びそれらの近親者（3親等内の親族及びこの者との特別の関係にある者（※）） ②役員又は評議員及びそれらの近親者が議決権の過半数を支配する法人（ただし、公益法人の役員又は評議員のうち、対象とする者は有給常勤者に限定するものとする）

※親族及びこの者と特別の関係にある者とは、次の者をいいます。
①当該役員又は評議員とまだ婚姻の届け出をしていないが、事実上婚姻と同様の事情にある者
②当該役員又は評議員から受ける金銭その他の財産によって生計を維持している者
③①又は②の親族で、これらの者と生計を一にしている者

　ただし、関連当事者との取引のうち以下の取引については財務諸表の注記に記載する必要がありません。
　①　一般競争入札による取引並びに預金利息及び配当金の受取りその他取引の性格からみて取引条件が一般の取引と同様であることが明白な取引
　②　役員又は評議員に対する報酬、賞与及び退職慰労金の支払い

第4章

一般・公益法人の決算

Q 28 法人が決算時に作成する 計算書類には何がありますか

A 法人が決算時に作成する計算書類は、貸借対照表・損益計算書です。

　法人は決算時において、計算書類を作成しなければならないとされています。計算書類とは、貸借対照表、損益計算書をいい、計算書類を補完するものとして、附属明細書、財産目録があります。

　また、計算書類と附属明細書を計算関係書類といい、それに事業報告を加えたものを計算書類等といいます。

　なお、財産目録は計算書類等に含まれません。詳しくは「**Q34　財産目録について教えてください**」を参照してください。

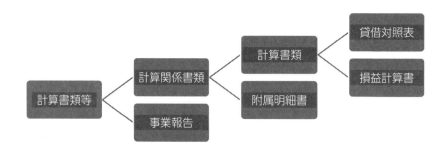

　法人形態に応じて作成義務が共通しているものもあれば、異なるものもあります。

	一般法人	移行法人	公益法人
貸借対照表	○	○	○
貸借対照表内訳表	×	○ (※2)	○ (※1)
正味財産増減計算書	○	○	○
正味財産増減計算書内訳表	×	○	○
附属明細書	○	○	○
財務諸表に対する注記	○	○	○
キャッシュ・フロー計算書	○ (※3)	○ (※3)	○ (※3)
財産目録	×	×	○

※1　収益事業等会計から生じた利益の50％を超える額を公益目的事業財産に繰り入れる法人は、
　　　貸借対照表内訳表を作成する必要があります。
※2　貸借対照表内訳表の作成に代えて、実施事業資産を注記する方法も可能です（FAQ　X-4-②）。
※3　会計監査人を設置する法人は、キャッシュ・フロー計算書を作成する必要があります。

　会計監査人を設置することを要しない公益法人は、政令で定める基準に全て達しない法人とされています（認定法施行令第6条、FAQ　V-5-①）。

・正味財産増減計算書の収益の部に計上した額の合計額が1,000億円
・正味財産増減計算書の費用又は損失の部に計上した合計額が1,000億円
・貸借対照表負債の部に計上した額が50億円

　なお一般法人については、貸借対照表負債の部に計上した額が200億円以上の場合、会計監査人の設置が義務付けられています（法人法第2条、第62条、第171条）。

Q 29 貸借対照表について教えてください

A 貸借対照表は法人が作成すべき計算書類の１つで、財政状態を表すものです。

❶ 貸借対照表とは

　貸借対照表とは、法人の一定時点の財政状態を表す計算書類です。

❷ 貸借対照表の内容

　貸借対照表は、資産の部、負債の部、正味財産の部から成り立ち、資産の部は、流動資産と固定資産に区分されます。

　さらに固定資産は、基本財産、特定資産、その他固定資産の３つに区分されます。

　基本財産とは、法人の目的である事業を行うため、不可欠なものとして定款で定められた資産をいいます（詳しくは第３章「**Q14　基本財産はどのように処理したら良いですか**」を参照してください。）。

　特定資産とは、法人の特定の目的のために使途、保有、運用方法等に制約があるものをいいます（詳しくは第３章「**Q15　特定資産はどのように処理したら良いですか**」を参照してください。）。

　その他固定資産とは、流動資産、基本財産、特定資産以外の資産をいいます。

　負債の部は、流動負債、固定負債に区分されます。

　正味財産の部は、資産から負債を差し引いた差額をいい、指定正味財産の部と一般正味財産の部に区分されます。

指定正味財産とは、寄附者等から受け入れた財産について使途に制約が課されている正味財産をいいます。

一般正味財産とは、指定正味財産以外の正味財産をいいます。

なお、社団法人の場合、基金については、資金調達の手段により拠出された金銭その他の財産をいい、拠出者に対し返済義務を負うものをいいます。また、基金は正味財産として取り扱われ、貸借対照表の正味財産の部に基金の区分を設けて表示します。

貸借対照表の体系	
Ⅰ　資産の部	Ⅱ　負債の部
1．流動資産	1．流動負債
2．固定資産	2．固定負債
（1）基本財産	Ⅲ　正味財産の部
（2）特定資産	1．基金（社団法人のみ）
（3）その他固定資産	2．指定正味財産
	3．一般正味財産

❸ 貸借対照表内訳表とは

貸借対照表内訳表とは、法人の一定時点の財政状態を各会計区分別に表す書類です。

貸借対照表の合計額は貸借対照表内訳表の合計額と一致します。

移行法人は、公益目的支出計画が完了していない場合において、貸借対照表内訳表を作成する必要があります。なお、実施事業資産を注記に代替することも可能です（FAQ　X-4-②）。

公益法人は、収益事業等から生じた利益の50％以上を公益目的事業財産に繰り入れる必要があります（認定法第18条第4号、認定法施行

規則第24条）。なお、公益法人が一度、収益事業等から生じた利益の50％超を繰り入れた場合、貸借対照表内訳表を作成しなければなりません（公益認定等ガイドライン）。

Q 30 正味財産増減計算書について 教えてください

A 法人が作成すべき計算書類の１つで、活動状況を表すものです。

❶ 正味財産増減計算書とは

正味財産増減計算書とは、法人の一定期間の活動状況を表す計算書類です。

❷ 正味財産増減計算書の内容

正味財産増減計算書は、一般正味財産増減の部と指定正味財産増減の部に区分されます。

さらに、一般正味財産増減の部は経常増減の部と経常外増減の部に区分されます。

経常増減の部は、経常収益から経常費用を差し引き当期経常増減額が計算されます。

経常収益とは、法人の事業活動により経常的に発生する収益をいいます。

経常費用とは、法人の事業活動のために経常的に発生する費用であり、事業費と管理費に区分されます。

経常外増減の部は、経常外収益から経常外費用を差し引き、当期経常外増減額が計算されます。

当期経常増減額に当期経常外増減額を加減して当期一般正味財産増減額が計算されます。

そして、指定正味財産増減の部には、指定正味財産の増減額の内容が記載されます。

指定正味財産の増加には、使途の制限がある寄附金や補助金等の受け入れがあった場合や、基本財産としている株式の評価益などが挙げられます。

指定正味財産の減少には、使途の制限が解除された場合の振替や基本財産としている株式の評価損などが挙げられます。

正味財産増減計算書の体系
Ⅰ　一般正味財産増減の部
1．経常増減の部
（1）経常収益
（2）経常費用
事業費
管理費
当期経常増減額
2．経常外増減の部
（1）経常外収益
（2）経常外費用
当期経常外増減額
当期一般正味財産増減額
一般正味財産期首残高
一般正味財産期末残高
Ⅱ　指定正味財産増減の部
当期指定正味財産増減額
指定正味財産期首残高
指定正味財産期末残高
Ⅲ　正味財産期末残高

正味財産増減計算書内訳表について教えてください

A 法人の活動状況の内訳を各会計区分別に表す書類です。

❶ 正味財産増減計算書内訳表とは

　正味財産増減計算書内訳表は、法人の一定期間の活動状況を各会計区分別に表す書類です。

　正味財産増減計算書の合計額は、正味財産増減計算書内訳表の合計額と一致します。

❷ 正味財産増減計算書内訳表の内容

　移行法人は実施事業等会計、その他会計、法人会計の３つの区分を設けることができます。そして、実施事業等会計、その他会計に区分された費用は事業費に、法人会計に区分された費用は管理費に計上されます。

　一方、公益法人は、公益目的事業会計、収益事業等会計、法人会計の３つの区分を設けることができます。

　そして、公益目的事業会計、収益事業等会計に区分された費用は事業費に、法人会計に区分された費用は管理費に計上されます。

　特に公益法人の正味財産増減計算書内訳表は、収支相償、公益目的事業比率、遊休財産の保有制限といった財務三基準（詳しくは第５章**「Q41　財務三基準とは何ですか」**を参照してください。）を満たすかを判断するために必要な数値が記載された重要な書類となります。

Q 32 財務諸表に対する注記について教えてください

A 財務諸表に対する注記には、計算書類を作成するにあたって法人が定めた会計方針等を記載します。

① 財務諸表に対する注記とは

　公益法人会計基準では財務諸表を補足するための情報として、注記という手法が採用されています。注記には次の17項目の記載事項があります。注記は該当する事項がない場合には記載を省略できます。

	項目
①	継続組織の前提に関する注記
②	重要な会計方針
③	会計方針の変更
④	基本財産及び特定資産の増減額及びその残高
⑤	基本財産及び特定資産の財源等の内訳
⑥	担保に供している資産
⑦	固定資産の取得価額、減価償却累計額及び当期末残高
⑧	債権の債権金額、貸倒引当金の当期末残高及び当該債権の当期末残高
⑨	保証債務等の偶発債務
⑩	満期保有目的の債券の内訳並びに帳簿価額、時価及び評価損益
⑪	補助金等の内訳並びに交付者、当期の増減額及び残高
⑫	基金及び代替基金の増減額及びその残高
⑬	指定正味財産から一般正味財産への振替額の内訳
⑭	関連当事者との取引の内容

⑮	キャッシュ・フロー計算書の資金の範囲及び重要な非資金取引
⑯	重要な後発事象
⑰	その他

❷ 財務諸表に対する注記の内容

注記に記載する項目と記載内容は次のとおりです。

①継続組織の前提に関する注記

継続組織の前提に重要な疑義を生じさせるような事象又は状況が存在する場合（事業ごとに判断するのではなく、法人全体の存続に疑義が生じた場合に限る）であって、当該事象又は状況を解消し、又は改善するための対応をしてもなお、継続組織の前提に関する重要な不確実性が認められるときは注記します。例えば、債務超過などを指します。

②重要な会計方針

計算書類を作成するに当たって、その財政及び活動の状況を正しく示すために採用した会計処理の原則及び手続並びに計算書類への表示の方法を注記します。なお、代替的な複数の会計処理方法等が認められない場合には、会計方針の注記を省略することができます。

③会計方針の変更

会計方針の変更とは、従来採用していた一般に公正妥当と認められる会計方針から他の一般に公正妥当と認められる会計方針に変更することをいいます。ただし、当該変更又は変更による影響が軽微である場合は注記することを省略することができます。

④基本財産及び特定資産の増減額及びその残高

法人が保有している基本財産及び特定資産の科目及び当期増減額を注記します。

⑤基本財産及び特定資産の財源等の内訳

法人が保有している基本財産及び特定資産の財源を、貸借対照表の当期末残高と指定正味財産又は一般正味財産や負債から充当している額に分けて注記します。

⑥担保に供している資産

借入金などの担保に供されている資産の期末帳簿価額及び担保している債務の種類及び当期末残高を注記します。

⑦固定資産の取得価額、減価償却累計額及び当期末残高

減価償却累計額を直接控除し貸借対照表へ表示している場合は、取得価額、減価償却累計額及び当期末残高を注記します（貸借対照表上、間接法で表示している場合には記載不要です）。

⑧債権の債権金額、貸倒引当金の当期末残高及び当該債権の当期末残高

貸倒引当金を債権から直接控除し残額のみを記載した場合には、債権の金額、貸倒引当金の当期末残高及び当該債権の当期末残高を注記します（貸借対照表上、間接法で表示している場合には記載不要です）。

⑨保証債務（債務保証を主たる目的事業としている場合を除く。）等の偶発債務

保証債務など現実にはまだ発生していないが、将来一定の条件が成立した場合に債務を負う又は損害を被る可能性のある偶発債務が年度末において既に存在している場合に注記します。

⑩満期保有目的の債券の内訳並びに帳簿価額、時価及び評価損益

法人が時価の変動する有価証券を所有している場合、市場変動リスクがあり、事業年度末に含み損又は含み益があれば取得価額による表示だけでは実態を表しているとはいえないため有価証券の時価情報を注記します。

⑪補助金等の内訳並びに交付者、当期の増減額及び残高

補助金及び助成金等の種類ごとに増減額や当期末残高を注記します。

⑫基金及び代替基金の増減額及びその残高

法人の基金及び代替基金を科目ごとに増減額や当期末残高を注記します。

⑬指定正味財産から一般正味財産への振替額の内訳

指定正味財産の使途が解除された内容及び金額を注記します。

⑭関連当事者との取引の内容

関連当事者が自己又は第三者のために法人と取引を行った場合、取引内容を記載することによって法人の計算書類の透明性を高めるために注記します。

⑮キャッシュ・フロー計算書の資金の範囲及び重要な非資金取引

現金及び現金同等物の金額を注記します。

⑯重要な後発事象

後発事象は、当該事業年度末日以後に発生した事象で翌事業年度以後の財政及び活動に影響を及ぼすものを注記します。

⑰その他

①〜⑯以外に法人の状況を適正に判断するために必要な事項を注記します。

A 附属明細書には、勘定科目の明細など計算書類の内容を補足するための情報を記載します。

❶ 附属明細書とは

　附属明細書とは、当該事業年度における貸借対照表及び正味財産増減計算書の内容を補足する重要な事項を表示するものです。作成すべき附属明細書は次のとおりです。該当する事由がない場合には作成を省略できます。

	項目
①	基本財産及び特定資産の明細
②	引当金の明細

❷ 附属明細書の内容

　附属明細書には次の内容を記載します。

①基本財産及び特定資産の明細
基本財産及び特定資産の期首帳簿価額、当期増減額、期末帳簿価額を資産の種類ごとに記載します。

②引当金の明細
賞与引当金などの引当金の科目、期首残高、当期増加額、当期減少額（目的使用、その他）、期末残高を記載します。

【記載例】

1．基本財産及び特定資産の明細

(単位：円)

区分	資産の種類	期首帳簿価額	当期増加額	当期減少額	期末帳簿価額
基本財産	土地 建物 … …				
	基本財産計				
特定資産	退職給付引当金資産 ○○積立資産 … …				
	特定資産計				

(記載上の留意事項)

・基本財産及び特定資産について、財務諸表の注記に記載をしている場合には、その旨を記載し、内容の記載を省略することができる。

・重要な増減がある場合には、その理由、資産の種類の具体的な内容及び金額の脚注をするものとする。

２．引当金の明細

（単位：円）

| 科目 | 期首残高 | 当期増加額 | 当期減少額 | | 期末残高 |
			目的使用	その他	
賞与引当金 …					

（記載上の留意事項）

・期首又は期末のいずれかに残高がある場合にのみ作成する。

・当期増加額と当期減少額は相殺せずに、それぞれ総額で記載する。

・「当期減少額」欄のうち、「その他」の欄には、目的使用以外の理由による減少額を記載し、その理由を脚注する。

・引当金について、財務諸表の注記において記載している場合には、その旨を記載し、内容の記載を省略することができる。

Q 34 財産目録について教えてください

A 財産目録には、すべての資産と負債の詳細を記載します。

❶ 財産目録とは

財産目録とは、事業年度末日現在におけるすべての資産と負債について、その名称や場所・数量、使用目的等及び金額を詳細に記載したものです。

財産目録は計算書類には含まれていませんが、公益法人のみ作成義務があります。一般法人・移行法人には作成義務はありませんが、定款や内部規程等に基づいている場合は作成する必要があります。

また、公益法人は作成した計算書類等に加えて財産目録も主たる事務所に備え置かなければならないこととされています（認定法第21条）。

❷ 財産目録の内容

財産目録は、資産の部と負債の部を記載し、正味財産を表示しますが、正味財産の内訳は表示しません。なお、財産目録と貸借対照表では次の金額が同一となります。

	財産目録	貸借対照表
①	資産合計	資産の部　資産合計
②	負債合計	負債の部　負債合計
③	正味財産	正味財産の部　正味財産合計

財産目録の記載事項は次のとおりです。

勘定科目	場所・物量等	使用目的等
流動資産	資産の名称と物量を記載 預金口座番号は任意	運転資金などの使用目的を記載
固定資産	資産の名称と物量を記載 土地や建物については、面積、住所などを記載 有価証券は、名称、種類などを記載	会計区分別に保有区分や使用目的などを記載
流動負債	負債の名称や内訳を記載	運転資金などの使用目的を記載
固定負債	負債の名称や内訳を記載	支払いに備えた目的などを記載

A 運用指針には計算書類のほか、注記、附属明細書、財産目録
などの様式が例示されています。

　運用指針には、計算書類のほか、注記・附属明細書・財産目録などの
様式がありますが、ここでは計算書類（貸借対照表及び正味財産増減計
算書）のみ記載します。様式については科目例と併せて巻末であらため
て掲載します。

❶ 貸借対照表

（様式1－1）

貸　借　対　照　表

令和　　年　　月　　日現在

（単位：円）

科　　目	当年度	前年度	増　減
I　資産の部			
1．流動資産			
現金預金			
…………			
流動資産合計			
2．固定資産			
（1）基本財産			
土地			
…………			

基本財産合計			
（2）特定資産			
退職給付引当資産 ○○積立資産 ………………			
特定資産合計			
（3）その他固定資産 ………………			
その他固定資産合計			
固定資産合計			
資産合計			
Ⅱ 負債の部			
1．流動負債			
未払金 ………………			
流動負債合計			
2．固定負債			
退職給付引当金 ………………			
固定負債合計			
負債合計			
Ⅲ 正味財産の部			
1．指定正味財産			
国庫補助金 ………………			
指定正味財産合計			
（うち基本財産への充当額）	（　　）	（　　）	（　　）
（うち特定資産への充当額）	（　　）	（　　）	（　　）
2．一般正味財産			

110

科　目	当年度	前年度	増　減
（うち基本財産への充当額）	（　　　）	（　　　）	（　　　）
（うち特定資産への充当額）	（　　　）	（　　　）	（　　　）
正味財産合計			
負債及び正味財産合計			

（様式1－2）

　一般社団・財団法人法第131条により基金を設けた場合には、正味財産の部は、以下の様式による。

科　目	当年度	前年度	増　減
Ⅲ　正味財産の部			
1．基金			
基金			
（うち基本財産への充当額）	（　　　）	（　　　）	（　　　）
（うち特定資産への充当額）	（　　　）	（　　　）	（　　　）
2．指定正味財産			
国庫補助金			
…………………			
指定正味財産合計			
（うち基本財産への充当額）	（　　　）	（　　　）	（　　　）
（うち特定資産への充当額）	（　　　）	（　　　）	（　　　）
3．一般正味財産			
（1）代替基金			
（2）その他一般正味財産			
一般正味財産合計			
（うち基本財産への充当額）	（　　　）	（　　　）	（　　　）
（うち特定資産への充当額）	（　　　）	（　　　）	（　　　）
正味財産合計			
負債及び正味財産合計			

❷ 正味財産増減計算書

（様式2－1）

正 味 財 産 増 減 計 算 書
令和　年　月　日から令和　年　月　日まで

（単位：円）

科　　　目	当年度	前年度	増　減
Ⅰ　一般正味財産増減の部			
1．経常増減の部			
（1）経常収益			
基本財産運用益			
……………			
特定資産運用益			
……………			
受取会費			
……………			
事業収益			
……………			
受取補助金等			
……………			
受取負担金			
……………			
受取寄付金			
……………			
経常収益計			
（2）経常費用			
事業費			
給与手当			
臨時雇賃金			
退職給付費用			
……………			

管理費			
役員報酬			
給与手当			
退職給付費用			
………………			
経常費用計			
評価損益等調整前当期経常増減額			
基本財産評価損益等			
特定資産評価損益等			
投資有価証券評価損益等			
評価損益等計			
当期経常増減額			
2．経常外増減の部			
（1）経常外収益			
固定資産売却益			
………………			
経常外収益計			
（2）経常外費用			
固定資産売却損			
………………			
経常外費用計			
当期経常外増減額			
当期一般正味財産増減額			
一般正味財産期首残高			
一般正味財産期末残高			
Ⅱ　指定正味財産増減の部			

受取補助金等 ………………			
一般正味財産への振替額 ………………			
当期指定正味財産増減額			
指定正味財産期首残高			
指定正味財産期末残高			
Ⅲ　正味財産期末残高			

Q 36 決算時の注意点について教えてください

演習問題アリ！ 131ページへ

A 決算時の注意点として、区分経理、指定正味財産から一般正味財産への振替、共通経費の配賦、会費や寄附金の処理、他会計振替の処理などがあります。

❶ 区分経理

公益法人は収益事業等を行っている場合、公益目的事業会計と区分し、各収益事業等ごとに会計上区分して経理することと定められています（認定法第19条）。

移行法人についても実施事業等会計と区分し、各収益事業等ごとに会計上区分する必要があります。

❷ 指定正味財産から一般正味財産への振替

使途の制約が解除された場合などに当該解除による相当額を指定正味財産から一般正味財産へ振り替えます。期中に振替が漏れていないかご注意ください。

設例 〈指定正味財産から一般正味財産への振替〉

法人はX1年5月31日に寄附金10,000,000円を受け入れました。なお、寄附者の意向により公益目的事業に8,000,000円、法人会計に2,000,000円の事業に使用するものとします（収益事業は行っていません）。

Ｘ１年５月31日寄附受入時

区分	借方		貸方	
公益	現金預金	8,000,000	受取寄付金 (指定)	8,000,000
法人	現金預金	2,000,000	受取寄付金 (指定)	2,000,000
公益	一般正味財産への 振替	8,000,000	受取寄付金 (一般)	8,000,000
法人	一般正味財産への 振替	2,000,000	受取寄付金 (一般)	2,000,000

　なお、今回の設例では指定で受け入れた受取寄附金について、受入年度で全て使用していますが、翌期以降に使用する場合には特定資産として計上が必要となります。

　上記設例を正味財産増減計算書及び正味財産増減計算書内訳表で表すと次のとおりです。

正味財産増減計算書

X1年4月1日からX2年3月31日まで

（単位：円）

科　　目	当年度	前年度	増　減
Ⅰ　一般正味財産増減の部			
1．経常増減の部			
（1）経常収益			
受取寄付金			
受取寄付金振替額	10,000,000	5,000,000	5,000,000
経常収益計	10,000,000	5,000,000	5,000,000
（2）経常費用			
事業費	12,000,000	3,000,000	9,000,000
管理費	2,500,000	2,000,000	500,000
経常費用計	14,500,000	5,000,000	9,500,000
評価損益等調整前当期経常増減額	△4,500,000	0	△4,500,000
当期経常増減額	△4,500,000	0	△4,500,000
当期一般正味財産増減額	△4,500,000	0	△4,500,000
一般正味財産期首残高	80,000,000	80,000,000	0
一般正味財産期末残高	75,500,000	80,000,000	△4,500,000
Ⅱ　指定正味財産増減の部			
受取寄付金	10,000,000	5,000,000	5,000,000
一般正味財産への振替額	△10,000,000	△5,000,000	△5,000,000
当期指定正味財産増減額	0	0	0
指定正味財産期首残高	0	0	0
指定正味財産期末残高	0	0	0
Ⅲ　正味財産期末残高	75,500,000	80,000,000	△4,500,000

②①で振り替えた金額を計上します。

①指定の解除による金額を振り替えます。

正味財産増減計算書内訳表

X1年 4月 1日からX 2年 3月 31日まで

（単位：円）

科　　目	公益目的事業会計	法人会計	合計
Ⅰ　一般正味財産増減の部			
1．経常増減の部			
（1）経常収益			
受取寄付金			
受取寄付金振替額	8,000,000	2,000,000	10,000,000
経常収益計	8,000,000	2,000,000	10,000,000
（2）経常費用			
事業費	12,000,000		12,000,000
管理費		2,500,000	2,500,000
経常費用計	12,000,000	2,500,000	14,500,000
評価損益等調整前当期経常増減額	△4,000,000	△500,000	△4,500,000
当期経常増減額	△4,000,000	△500,000	△4,500,000
他会計振替前			
当期一般正味財産増減額	△4,000,000	△500,000	△4,500,000
他会計振替額			
当期一般正味財産増減額	△4,000,000	△500,000	△4,500,000
一般正味財産期首残高	70,000,000	10,000,0000	80,000,000
一般正味財産期末残高	66,000,000	9,500,000	75,500,000
Ⅱ　指定正味財産増減の部			
受取寄付金	8,000,000	2,000,000	10,000,000
一般正味財産への振替額	△8,000,000	△2,000,000	△10,000,000
当期指定正味財産増減額		0	0
指定正味財産期首残高		0	0

②①で振り替えた金額を計上します。

①指定の解除による金額を振り替えます。

	指定正味財産期末残高	0	0	0
Ⅲ	正味財産期末残高	66,000,000	9,500,000	75,500,000

設例では、寄附者の意向により公益目的事業会計と法人会計に使途が制約されていたため、それぞれ会計区分において会計処理を行います。

指定正味財産から一般正味財産の振替を期中に行っている場合には、指定の解除に伴う仕訳が寄附者の意向と合致しているかなどの確認を行う必要があります。

❸ 共通経費の配賦

各会計区分別に発生していることが明確である場合は、当該会計区分の損益として直接計上します。

しかし、実務上は会計区分が複数ある場合、１つの会計区分に直接計上できない共通経費が発生することもあります（詳しくは第３章「**Q25 共通収益・経費の配賦方法を教えてください**」を参照してください。）。

なお、共通経費を合理的な配賦基準に従い配賦した場合、公益法人は定期提出書類の別表F（１）（２）に記載しなければなりません。

❹ 会費や寄附の処理

公益社団法人の会費については、徴収により使途が定められている場合、当該使途の定めに従い各会計区分に配賦します。使途の定めがない場合は50％を公益目的事業会計に配賦することとなります（これらの会計処理について詳細は第３章「**Q21　会費はどのように処理したら良いですか**」を参照してください。）。

公益財団法人が賛助会費など会員から会費を集めている場合があります。認定法上は公益社団法人の会費とは性質が異なり、寄附金に該当す

るものと考えられます。この会費を徴収する際、会費取扱規程等で寄附の使途を定めている場合、当該規程等に基づき配賦を行いますが、使途を定めていない場合は全額を公益目的事業会計に計上することになります。なお、決算において、当該規程等との整合が取れているか、定めていない場合は全額を公益目的事業会計の金額となっているか、関連する勘定科目も含め確認する必要があります。

❺ 他会計振替

他会計振替とは、内部貸借取引を除く各会計区分間の利益や財産の移動処理です。

他会計振替を行った場合には、正味財産増減計算書内訳表における他会計振替額に計上します。

なお、公益法人は振替先及び振替元の関係については、以下の通り一定の制限があります。

・公益目的事業会計：公益目的事業会計の財産を他の会計区分に振り替えることはできません。

・収益事業等会計：収益事業等の利益額の50％又は50％超を公益目的事業会計に繰り入れる必要があります。この場合共通経費配賦後の金額を繰り入れることとなるためご注意ください。また、法人会計に振り替えることができます。

・法人会計：収益事業等会計、公益目的事業会計に振り替えることができますが、公益目的事業へ振り替えを行う際には、社員総会又は評議員会の承認が必要になります。

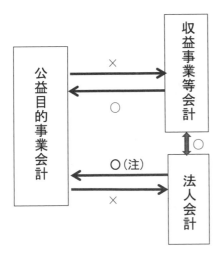

(注) 認定法施行規則第26条第8号に定められる定款又は社員総会若しくは評議員会において、公益
目的事業のために使用し、又は処分する旨を定めた額に相当する財産の移動は可能。

日本公認会計士協会　非営利法人委員会研究資料第4号より引用

設例 〈他会計振替（収益事業等の利益額の50％繰入）〉

　次の会計区分ごとに計上される収益・費用のうち、収益事業等会計からの振替額を算定してください。

	公益目的事業会計	収益事業等会計	法人会計
収益	7,000,000	4,000,000	5,000,000
費用	9,000,000	1,000,000	2,000,000
増減	△2,000,000	3,000,000	3,000,000

①まず、収益事業等会計に配賦される管理費の額を求めます。

管理費×収益事業等費用計÷（公益目的事業費用計＋収益事業等費用計）

2,000,000×1,000,000÷（9,000,000＋1,000,000）＝200,000

　収益事業等会計に配賦される管理費の額を算定する方法は、合理的な

基準である必要があります。上記の計算方法は会計上の事業費の比率を
用いています。

②次に収益事業等会計から繰り入れる費用を求めます。
　（経常損益－経常外損益－上記①）×50/100
（4,000,000－1,000,000－200,000）×50/100＝1,400,000
したがって、収益事業等会計からの振替額は1,400,000円となります。
　まとめると下記の数値のようになります。

	公益目的事業会計	収益事業等会計
他会計振替前 当期一般正味財産増減額	△2,000,000	3,000,000
他会計振替額	1,400,000	△1,400,000
当期一般正味財産増減額	△600,000	1,600,000

Q37 計算書類や財産目録との関連性について教えてください

A 計算書類や財産目録における科目や合計値などが関連します。

❶ 計算書類間の関係について

　貸借対照表と正味財産増減計算書における一般正味財産の期末残高と指定正味財産の期末残高は一致します。

　計算書類間の関連性は下記の図のようになります。

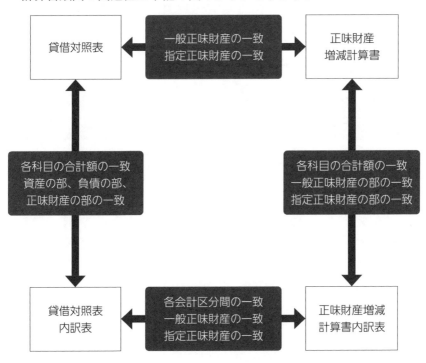

❷ 計算書類と財産目録の関係について

財産目録の各科目の内訳は貸借対照表と一致します。

また、財産目録には各科目別に使用目的等も記載します。

さらに、財産目録の正味財産合計は正味財産増減計算書と一致します。

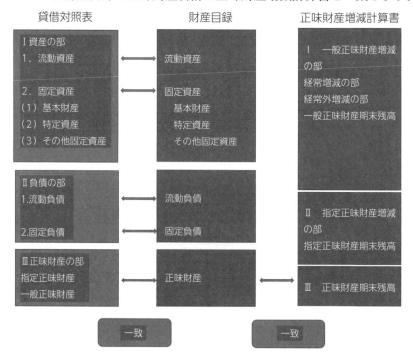

Q38 決算の承認スケジュールを 教えてください

A 決算承認は、原則として毎事業年度終了後３箇月を経過する 日までに社員総会（評議員会）の承認を受ける必要があります。

　一般法人・移行法人・公益法人の決算作業は、法令で定める期限内に決算原案を代表理事に提出し、監事監査を経て理事会の承認を受け、このうち計算書類及び事業報告は社員総会（評議員会）の承認を受けます。その後、移行法人・公益法人については、計算書類等及び財産目録等（財産目録等については公益法人のみ）を行政庁に提出しなければなりません（整備法第127条、認定法第22条）。そのため、決算作業を円滑にかつ確実に行うためには、計画的に進める必要があります。決算関連スケジュールは３月決算の法人を例にしますと次のとおりです。

	会計業務	法人運営
3/31	①決算準備作業 ・各勘定科目の残高確認 ・財務三基準の判定等 ・固定資産台帳の整理	④理事会 ・最終補正予算の承認 ・翌事業年度当初予算 ・翌事業年度事業計画 ・行政庁提出（公益法人）
4/30 5/31 6/30	②決算整理作業 ・減価償却費の計上等 ③計算関係書類など作成 ・計算書類 ・注記 ・附属明細書 ・財産目録（公益法人）	⑤監事監査 （代表理事の最終承認後） ⑥理事会 ・決算報告 ・事業報告 ⑦社員総会（評議員会） ⑧税務申告 ⑨行政庁提出 ・定期提出書類（公益法人） ・公益目的支出計画実施報告書（移行法人）
7/31		⑩税務署提出 ・公益法人等の損益計算書等の提出書

① **決算準備作業**…決算の準備作業は事業年度末を迎える前から行います。具体的には現金預金や未収金、未払金等の残高確認や固定資産の実査、棚卸しの実施、指定正味財産から一般正味財産へ振替、財務三基準の判定等です。

② **決算整理作業**…決算整理作業では、勘定科目の実際有高と帳簿残高の差異の調整や、減価償却・引当金等の決算整理仕訳、区分経理、共通経費の配賦、他会計振替などの処理、1年基準による流動区分と固定区分の振替等を行います。

③ **計算関係書類など作成**…①、②を経て計算関係書類（計算書類及び附属明細書）を作成します。計算書類の作成にあたっては内部取引の相殺消去等も行います。また、計算書類等の作成は監査までに行う必要があります。

④　**理事会**…翌事業年度事業計画や予算の承認を行います。また、当年度の予算の収入又は支出金額に大きな乖離がある場合には補正予算の承認を受ける必要があります（詳しくは第２章「**Q8　補正予算を諮るタイミングを教えてください**」を参照してください。）。

⑤　**監事監査**…計算書類、事業報告とこれらの附属明細書については監事による監査を行い、監査報告を受けなければなりません。

⑥　**理事会**…計算書類、事業報告、これらの附属明細書について承認を受けます（詳しくは「**Q39　公益法人の提出書類と閲覧書類を教えてください**」を参照してください。）。なお、原則として理事会開催の１週間前までに招集の通知を行います。

⑦　**社員総会（評議員会）**…計算書類の承認を受け、事業の内容の報告を行います（詳しくは「**Q39　公益法人の提出書類と閲覧書類を教えてください**」を参照してください。）。社員総会（評議員会）は⑥理事会の承認を受けた計算書類等を２週間備え置いた後に開催することができます。なお、原則として評議員会開催の１週間前までに招集の通知を行います。

⑧　**税務申告**…法人税や消費税の申告の必要のある一般法人・移行法人・公益法人は、原則として事業年度終了後２箇月以内に申告と納税を行います（詳しくは第６章「**Q45　一般・公益法人は税金が課されるのですか**」を参照してください。）。

⑨　**行政庁提出**…毎事業年度終了後３箇月以内に計算書類等と財産目録などを行政庁に提出します（詳しくは「**Q39　公益法人の提出書類と閲覧書類を教えてください**」を参照してください。）。

⑩　**税務署提出**…年間の収入金額が8,000万円を超える公益法人は事業年度終了後４箇月以内に公益法人等の損益計算書等の提出書を提出しなければなりません（詳しくは「**Q39　公益法人の提出書類と閲覧書類を教えてください**」を参照してください。）。

Q39 公益法人の提出書類と 閲覧書類を教えてください

A 法令の定めによる期限までに必要な書類を行政庁へ提出する 必要があります。また、法人の種類により閲覧できる書類は 異なります。

❶ 提出する書類について

　公益法人は毎事業年度、図の書類について理事会及び社員総会（評議 員会）で承認を受け、内閣府又は都道府県に提出する必要があります。 また、一定の場合には税務署の届出も必要となります。

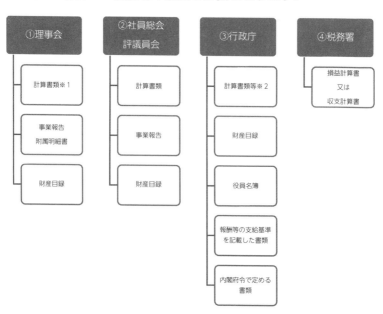

※１計算書類…計算書類とは貸借対照表と損益計算書をいいます（法人法第123条）。
※２計算書類等…計算書類、附属明細書、事業報告、監査報告、会計監査報告をいいます（法人法第123条、第129条）。

① **理事会**…計算書類、事業報告とその附属明細書、（財産目録については公益法人のみ）を理事会に提出し、承認を受けなければなりません（法人法第124条、第197条、認定法施行規則第33条）。

② **社員総会（評議員会）**…計算書類、財産目録を定時社員総会（評議員会）に提出し、承認を受けなければなりません（法人法第126条第２項、第197条、認定法施行規則第33条）。また、理事は事業報告の内容を報告しなければなりません（法人法第126条、第199条）。

③ **行政庁**…毎事業年度終了後３箇月以内に、計算書類等、財産目録など、内閣府又は都道府県で定めた書類として運営組織及び事業活動の状況の概要及びこれらに関する数値のうち重要なものを記載した書類を行政庁に届け出なければなりません。提出は、公益法人informationを通じて電子申請や郵送などの方法により行います。

④ **税務署**…法人税の確定申告書を提出しない一般法人（非営利型）及び公益法人は、年間の収入金額の合計額が8,000万円以下の場合を除き、原則として事業年度終了の日の翌日から４箇月以内に、その事業年度の損益計算書又は収支計算書を、主たる事務所の所在地の所轄税務署長に提出しなければなりません。

❷ 閲覧書類

　一般法人・移行法人・公益法人は高い公益性を有することから、事業運営の透明性を確保するため、一定の書類を主たる事務所等において備置き閲覧に供するとともに国民に対して公表する必要があります（認定法第21条、認定法施行規則第33条）。

　主たる事務所等への備置きと閲覧を行う必要がある書類は次のとおり

となっています。

備置き・閲覧	一般法人	移行法人	公益法人
定款	○	○	○
社員名簿（社団法人のみ）	○	○	○
事業計画書	−	−	○
収支予算書	−	−	○
資金調達見込みを記載した書類	−	−	○
貸借対照表	○	○	○
損益計算書（正味財産増減計算書）	○	○	○
附属明細書	○	○	○
事業報告書	○	○	○
監査報告	○	○	○
会計監査報告	○	○	○
財産目録	−	−	○
役員等名簿	−	−	○
役員等報酬等の支給の基準	−	−	○
キャッシュ・フロー計算書（会計監査人設置法人のみ）	○	○	○
運営組織及び事業活動の状況の概要及びこれらに関する数値のうち重要なものを記載した書類	−	−	○
特定費用準備資金や５号財産及び６号財産の内容等について記載された書類	−	−	○
理事会議事録	○	○	○
社員総会議事録（評議員会議事録）	○	○	○
公益目的支出計画実施報告書	−	○	−

演習問題

〈計算書類の作成〉

解答は208ページ

　当期（X1年4月1日からX2年3月31日まで）について、残高試算表における各勘定科目の数値は以下の通りです。これらの数値に基づいて貸借対照表、正味財産増減計算書を作成して下さい。なお、基本財産及び特定資産は全て指定正味財産へ充当しています。

勘定科目	金額（単位：円）
現金預金	1,700,000
投資有価証券（基本財産）	32,000,000
○周年積立資産（特定資産）	600,000
預り金	50,000
基本財産受取配当金	3,200,000
特定資産受取配当金	10,000
事業費	3,250,000
管理費	210,000

貸　借　対　照　表

X2年3月31日現在

（単位：円）

科　　目	当年度	前年度	増　減
I　資産の部			
1．流動資産			
現金預金	（　　　　　）	2,000,000	△300,000
流動資産合計	（　　　　　）	2,000,000	△300,000

2．固定資産			
（1）基本財産			
投資有価証券	32,000,000	（　　）	（　　）
基本財産合計	（　　）	32,000,000	0
（2）特定資産			
○周年積立資産	600,000	600,000	（　　）
特定資産合計	（　　）	600,000	0
（3）その他固定資産			
その他固定資産合計	0	0	0
固定資産合計	（　　）	32,600,000	（　　）
資産合計	（　　）	34,600,000	（　　）
II　負債の部			
1．流動負債			
預り金	（　　）	100,000	△50,000
流動負債合計	（　　）	100,000	△50,000
負債合計	（　　）	100,000	△50,000
III　正味財産の部			
1．指定正味財産			
指定正味財産合計	（　　）	32,600,000	（　　）
（うち基本財産への充当額)	（（　　））	(32,000,000)	（（　　））
（うち特定資産への充当額)	（（　　））	(600,000)	（（　　））
2．一般正味財産	（　　）	1,900,000	（　　）
正味財産合計	（　　）	34,500,000	（　　）
負債及び正味財産合計	（　　）	34,600,000	（　　）

正味財産増減計算書

X1年4月1日からX2年3月31日まで

(単位：円)

科　目	当年度	前年度	増　減
Ⅰ　一般正味財産増減の部			
1．経常増減の部			
（1）経常収益			
基本財産運用益	（　　）	3,200,000	（　　）
基本財産受取配当金	（　　）	3,200,000	（　　）
特定資産運用益	（　　）	10,000	（　　）
特定資産受取配当金	（　　）	10,000	（　　）
経常収益計	（　　）	3,210,000	（　　）
（2）経常費用			
事業費	（　　）	3,200,000	（　　）
管理費	（　　）	200,000	（　　）
経常費用計	（　　）	（　　）	（　　）
評価損益等調整前当期経常増減額	（　　）	△190,000	（　　）
当期経常増減額	（　　）	△190,000	（　　）
当期一般正味財産増減額	（　　）	△190,000	（　　）
一般正味財産期首残高	1,900,000	（　　）	△190,000
一般正味財産期末残高	（　　）	（　　）	（　　）
Ⅱ　指定正味財産増減の部			
基本財産運用益			
基本財産受取配当金	3,200,000	3,200,000	0
特定資産運用益			
特定資産受取配当金	10,000	10,000	0
一般正味財産への振替額	（　　）	（　　）	0
当期指定正味財産増減額	0	0	0
指定正味財産期首残高	（　　）	32,600,000	0

指定正味財産期末残高	( )	( )	0
Ⅲ 正味財産期末残高	( )	34,500,000	△250,000

行政庁への
提出書類と
会計上の公益要件

公益法人の定期提出書類とは
どのような書類ですか

A 公益法人が事業の透明性を示すため、毎年、事業年度開始前
と、経過後に行政庁へ提出しなければならない書類です。

❶ 公益法人の定期提出書類

　公益法人は、毎事業年度開始の日の前日までに「事業計画書等」を提出し、かつ、毎事業年度経過後3箇月以内に「事業報告等に係る提出書類」を行政庁に提出しなければなりません。これらの書類を定期提出書類といいます（認定法第21条、第22条）。

定期提出書類の提出等の流れ

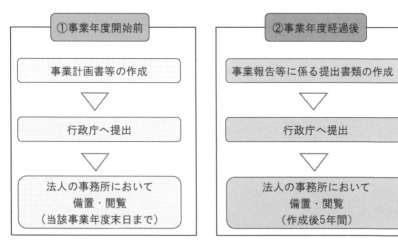

内閣府「定期提出書類の手引き 公益法人編」より引用

❷ 事業計画書等

事業計画書等は、翌事業年度の①事業計画書、②収支予算書、③資金調達及び設備投資の見込みを記載した書類で構成されています。また、添付資料として上記①から③の書類を承認した理事会議事録（社員総会又は評議員会の承認を受けた場合にあっては、当該社員総会又は評議員会議事録）が必要になります。事業計画書等は、毎事業年度開始の日の前日までに行政庁に提出しなければなりません。

①事業計画書

事業計画書は、様式や記載内容の定めはありませんが、翌事業年度に実施する事業内容を明確に記載する必要があります。

②収支予算書

収支予算書は、損益計算ベースの収支予算数値を記載する必要があります。事業別に区分されている必要があるため、法人全体の予算書のほか、公益目的事業会計、収益事業等会計、法人会計に区分された内訳書も合わせて必要になります（詳しくは、第2章「**Q7　公益法人会計基準における予算の役割を教えてください**」を参照してください。）。

③資金調達及び設備投資の見込みを記載した書類

翌事業年度における資金の借入や、重要な設備投資の予定の有無を記載する内容になっています。

なお、①から③の書類は、当該事業年度の末日までの間、主たる事務所に、その写しを従たる事務所に備え置く必要があります（認定法第21条、認定法施行規則第27条）。

❸ 事業報告等に係る提出書類

　事業報告等に係る提出書類は、当該事業年度の事業活動内容の報告や財務三基準など公益認定基準の要件を満たしているかどうかを判定するために提出する書類になります。

　事業報告等に係る提出書類は

【別紙1】運営組織及び事業活動の状況の概要及びこれらに関する数値のうち重要なものを記載した書類について

【別紙2】法人の基本情報及び組織について

【別紙3】法人の事業について

【別紙4】法人の財務に関する公益認定の基準に係る書類について

【別紙5】その他の添付書類

から構成されます。

　事業報告等に係る提出書類は毎事業年度経過後3箇月以内に行政庁へ提出しなければなりません（認定法第21条、第22条、認定法施行規則第28条）。

【別紙1】運営組織及び事業活動の状況の概要及びこれらに関する数値のうち重要なものを記載した書類について

　法人の基本情報や財務三基準などが要約された書類となります。また、備置き及び閲覧請求の対象となります。

【別紙2】法人の基本情報及び組織について

　法人の名称及び住所等の基本情報、役員及び職員等の人数、理事会及び社員総会（評議員会）の開催日及び決議事項等が記載された書類となります。公益社団法人においては、会員数を種類別に記載する必要があります。

【別紙3】法人の事業について

　事業年度に実施した公益目的事業及び収益事業、その他事業の活動内

容や実績が記載された書類となります。

【別紙4】法人の財務に関する公益認定の基準に係る書類について

財務三基準を個別に判定する書類となります。

別紙4は、さらに別表A～Hに分かれます。

・別表A：収支相償について

・別表B：公益目的事業比率について

・別表C：遊休財産額について

・別表D：他の団体の意思決定に関与可能な財産

・別表E：経理的基礎について

・別表F：各事業に関連する費用額の配賦について

・別表H：公益目的取得財産残額について

【別紙5】その他の添付書類

添付書類として以下の書類を添付する必要があります。

・財産目録

・役員等名簿

・理事、監事及び評議員に対する報酬等の支給の基準を記載した書類
（役員報酬規程）

・社員名簿（公益社団法人のみ）

・貸借対照表及びその附属明細書

・損益計算書及びその附属明細書

・事業報告及びその附属明細書

・監査報告及び会計監査報告
（会計監査報告は、会計監査人設置法人のみ）

・キャッシュ・フロー計算書
（作成している場合又は会計監査人を設置しなければならない場合
に限る。）

・滞納処分に係る国税及び地方税の納税証明書

【必要な場合に添付する書類】

　・許認可等を証する書類

　（許認可等が必要な場合のみ）

　・事業・組織体系図

　（複数の事業又は複数の組織（施設や事業所等）がある場合のみ）

　・社員の資格の得喪に関する細則

　（※公益社団法人に場合であって、定款のほかに、社員の資格の得

　　喪に関し何らかの定めを設けている場合のみ）

　・会員等の位置づけ及び会費に関する細則

　（定款のほかに、会員等の位置づけ及び会費に関する何らかの定め

　　を設けている場合のみ）

　・寄附の使途の特定の内容がわかる書類

　（公益目的事業以外に使途を特定した寄附がある場合のみ）

❹ 変更認定申請・変更届出

　定期提出書類とは別に、変更認定申請や変更届出も必要に応じて行政庁に提出します。公益法人が事業や役員等の変更を行う場合は、その内容に応じて、あらかじめ行政庁へ申請及び認定を受け、又は事後に遅滞なく行政庁に届け出る必要があります。なお、定期提出書類の提出をもって、変更認定申請又は変更届出に代えることはできないため、注意が必要です。

　例えば新たな公益目的事業を始めようとする場合、定期提出書類に事業内容を記載して行政庁に提出したとしても、新たに始めようとする公益目的事業に関しては、変更認定申請を提出し、あらかじめ認定を受けなければ新たな公益目的事業を開始することは出来ませんので、ご注意ください。

変更認定の対象となる変更

1	公益目的事業を行う都道府県の区域の変更
2	主たる事務所又は従たる事務所の所在場所の変更
3	公益目的事業の種類の変更
4	公益目的事業・収益事業等の内容の変更

変更の届出の対象となる変更

1	法人の名称又は代表者の氏名の変更
2	公益目的事業を行う都道府県の区域の変更
3	主たる事務所・従たる事務所の所在場所の変更
4	公益目的事業・収益事業等の内容の変更
5	定款の変更
6	理事、監事、評議員、会計監査人の氏名もしくは名称の変更
7	理事、監事、評議員に対する報酬等の支給の基準の変更
8	事業を行うに当たり必要な許認可等の変更

41 財務三基準とは何ですか

A 公益法人が毎事業年度において満たさなければならない、財務上の3つの基準（収支相償、公益目的事業比率、遊休財産額の保有の制限）のことです。

❶ 財務三基準の概要

　公益法人の財務三基準とは、公益法人が毎事業年度において満たさなければならない以下の3つの基準を指します。

❷ 収支相償

　収支相償とは、公益目的事業に係る収入がその実施に要する適正な費用を償う額を超えてはいけないという基準となります。

　認定法上では以下の様に規定されています。

> その行う公益目的事業について、当該公益目的事業に係る収入がその実施に要する適正な費用を償う額を超えないと見込まれるものであること（認定法第5条第6号）
>
> 公益法人は、その公益目的事業を行うに当たり、当該公益目的事業の実施に要する適正な費用を償う額を超える収入を得てはならない（認定法第14条）

　収支相償の判定は2段階で行われます。第1段階は、公益目的事業

<u>収支相償の例</u>

【収益≦費用】の場合 　　　　　【収益＞費用】の場合

ごとに行い、第2段階は第1段階の収支に各事業共通の収入・支出を加えた公益目的事業全体の収支で判定することになります。ただし、公益目的事業が1つのみの場合は、第1段階は省略し、第2段階のみで判定します。

　判定に用いる数値は、正味財産増減計算書内訳表における公益目的事業会計の区分の経常収益及び経常費用の数値を用いて計算します。なお、当該計算において、該当する場合には以下の調整なども必要になります。

・資産取得資金や特定費用準備資金などの積立額や取崩額

・収益事業等会計から生じた利益の繰入額（50％または50％超）

　当該計算の結果、収支がゼロ又はマイナスにならなければなりません。

❸ 公益目的事業比率

　公益目的事業比率とは、公益目的事業の事業費が、法人全体の経常費用の50％以上でなければならないという基準となります。

認定法上では以下のように規定されています。

> その事業活動を行うに当たり、第15条に規定する公益目的事業比率が100分の50以上となると見込まれるものであること。（認定法第5条第8号）
>
> 公益法人は、毎事業年度における公益目的事業比率（第1号に掲げる額の同号から第3号までに掲げる額の合計額に対する割合をいう。）が100分の50以上となるように公益目的事業を行わなければならない。
> 一　公益目的事業の実施に係る費用の額として内閣府令で定めるところにより算定される額
> 二　収益事業等の実施に係る費用の額として内閣府令で定めるところにより算定される額
> 三　当該公益法人の運営に必要な経常的経費の額として内閣府令で定めるところにより算定される額（認定法第15条）。

公益目的事業比率の計算例

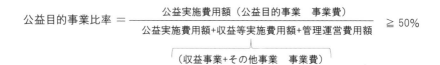

なお、当該計算において、該当する場合には以下の調整なども必要になります。

・土地の使用に係る費用額

・特定費用準備資金などの積立額や取崩額

・引当金の取崩額

当該計算の結果、公益目的事業比率は、50％以上でなければなりません。

❹ 遊休財産額の保有の制限

遊休財産額の保有の制限とは、遊休財産額が毎事業年度の公益目的事業費相当額を超えて保有してはいけないという基準となります。

遊休財産額とは、公益目的事業に限らず、公益目的事業以外のその他の必要な活動に使うことが具体的に定まっていない財産を指します。

認定法上では以下の様に規定されています。

> その事業活動を行うに当たり、第16条第2項に規定する遊休財産額が同条第一項の制限を超えないと見込まれるものであること（認定法第5条第9号）
>
> 公益法人の毎事業年度の末日における遊休財産額は、公益法人が当該事業年度に行った公益目的事業と同一の内容及び規模の公益目的事業を翌事業年度においても引き続き行うために必要な額として、当該事業年度における公益目的事業の実施に要した費用の額（その保有する資産の状況及び事業活動の態様に応じ当該費用の額に準ずるものとして内閣府令で定めるものの額を含む。）を基礎として内閣府令で定めるところにより算定した額を超えてはならない。
>
> 2　前項に規定する「遊休財産額」とは、公益法人による財産の使用若しくは管理の状況又は当該財産の性質にかんがみ、公益目的事

業又は公益目的事業を行うために必要な収益事業等その他の業務若しくは活動のために現に使用されておらず、かつ、引き続きこれらのために使用されることが見込まれない財産として内閣府令で定めるものの価額の合計額をいう。（認定法第16条）

遊休財産額の保有制限

　　　［遊休財産の額］≦［１年間の公益目的事業の事業費］

　遊休財産の額は、［資産］−［負債］−［控除対象財産※］で算定する

※ただし、対応する負債の額を除く

負債

使途の定めのある財産（例）
・事業の用に供している土地、建物
・将来の公益目的事業のための基金
・使途を定められて寄附された資金
　　　　　　　　　　　　　　など

資産

使途あり
【控除対象財産】

使途無し　　⇒　**遊休財産**

上限
１年間の公益目的事業の事業費

　控除対象財産とは法人の財産の中で目的、用途が具体的に定まっている財産です。具体的には認定法施行規則第22条に定める以下の財産となります。

　　１号財産…公益目的保有財産

　　　　　　　公益目的事業の用に供するために保有する財産

　　２号財産…公益目的事業を行うために必要な収益事業等その他の業務

　　　　　　　又は活動の用に供する財産

　　３号財産…資産取得資金

4号財産…特定費用準備資金

5号財産…交付した者の定めた使途に従って使用し、若しくは保有している財産

6号財産…交付した者の定めた使途に充てるために保有している資金

法人の財産と控除対象財産の関係

財産目録の例（抜粋）

この表は法人の財産の一部を整理したものであり、全ての財産を示しているものではありません。

一般社団・財団法人法：財団法人の目的である事業を行うために不可欠なものとして定款で定めたもの 維持義務と処分制限あり

公益法人会計基準：定款において基本財産と定められた資産

公益法人会計基準：特定の目的のために使途等に制約を課した資産

貸借対照表科目（財産の科目）		財産の使途・保有目的	控除対象財産（丸付き数字は規則22③該当号）
（流動資産）	現金預金	特に使途の定めがないもの	ー
（固定資産）基本財産	土地・建物等	公益目的事業実施のために保有	①公益目的保有財産
		公益目的事業を支える収益事業等財産	②収益事業・管理活動財産
	〇〇基金（預金・有価証券等）	公益目的事業に果実を充当	①公益目的保有財産
		管理費に果実を充当（適正な範囲に限る）	②収益事業・管理活動財産
	美術品コレクション	美術館展示に不可欠な特定の財産	①公益目的保有財産（不可欠特定財産）
特定資産	土地・建物等	公益目的事業実施のために保有	①公益目的保有財産
		管理費に収益を充当（適正な範囲に限る）	②収益事業・管理活動財産
		寄附を受けた財産で寄附者の定めた使途に従っているもの	⑤寄附等によって受け入れた財産で寄附者の定めた使途で使用されている財産
	預金・有価証券等	公益目的事業に果実を充当	①公益目的保有財産
		管理費に果実を充当（適正な範囲に限る）	②収益事業・管理活動財産
	修繕積立資産（資産取得資金）	公益に使う建物の大規模修繕のために積み立てているもの	③資産取得資金
	〇〇事業実施積立資産（特定費用準備資金）	公益目的事業拡充に備え積み立てているもの	④特定費用準備資金
その他固定資産	土地 建物 構築物	公益目的事業を支える収益事業等財産	②収益事業・管理活動財産
		その他	ー

※ ①②⑤の財産でも継続して事業の用に供していない場合等には、控除対象財産に該当しません。

FAQ　Ⅴ-4-②（遊休財産額）

Q42 決算書類と定期提出書類の関係について教えてください

A 損益ベースの正味財産増減計算書の数値と貸借対照表の数値を基に、定期提出書類を作成します。

以下の決算書数値を前提として説明します。

なお、基本財産及び特定資産の増減はなしとします。

貸借対照表科目	金額（千円）
現金預金	1,500
基本財産（控除対象財産）	15,000
特定資産（控除対象財産）	1,000
その他固定資産	12,000
資産合計	29,500
負債合計（流動資産に対応）	800
正味財産合計	28,700

正味財産増減計算書内訳表
X1年4月1日からX2年3月31日まで

(単位：千円)

| 科　　目 | 公益目的事業会計 | | | | 収益事業等会計 | 法人会計 | 合計 |
	公1	公2	共通	小計	収益		
1．経常増減の部							
(1) 経常収益							
受取会費	0	0	6,000	6,000	0	6,000	12,000
事業収益	0	1,300	0	1,300	5,500	0	6,800
受取寄付金	12,000	0	0	12,000	0	0	12,000
経常収益計	12,000	1,300	6,000	19,300	5,500	6,000	30,800
(2) 経常費用							
事業費	14,830	4,730		19,560	3,880		23,440
管理費						7,680	7,680
経常費用計	14,830	4,730	0	19,560	3,880	7,680	31,120
当期経常増減額	△ 2,830	△ 3,430	6,000	△ 260	1,620	△ 1,680	△ 320
2．経常外増減の部							
当期経常外増減額	0	0	0	0	0	0	0
他会計振替額	0	0	174	174	△ 174	0	0
当期一般正味財産増減額	△ 2,830	△ 3,430	6,174	△ 86	1,446	△ 1,680	△ 320

❶ 別表A：収支相償について

収支相償は公益目的事業会計の経常収益と経常費用の金額を使って計算します。

正味財産増減計算書内訳表
X1年4月1日からX2年3月31日まで

(単位：千円)

科　　目	公益目的事業会計				収益事業等会計	法人会計	合計
	公1	公2	共通	小計	収益		
1．経常増減の部							
(1) 経常収益							
受取会費	0	0	6,000	6,000	0	6,000	12,000
事業収益	0	1,300	0	1,300	5,500	0	6,800
受取寄付金	12,000	0	0	12,000		0	12,000
経常収益計	12,000	1,300	6,000	19,300	5,500	6,000	30,800
(2) 経常費用							
事業費	14,830	4,730		19,560	3,880		23,440
管理費						7,680	7,680
経常費用計	14,830	4,730	0	19,560	3,880	7,680	31,120
当期経常増減額	△ 2,830	△ 3,430	6,000	△ 260	1,620	△ 1,680	△ 320
2．経常外増減の部							
当期経常外増減額	0	0	0	0	0	0	0
他会計振替額	0	0	174	174	△ 174	0	0
当期一般正味財産増減額	△ 2,830	△ 3,430	6,174	△ 86	1,446	△ 1,680	△ 320

第1段階　　　第2段階

・第1段階の判定

　公1　12,000－14,830＝△2,830　≦　0　　要件クリア

　公2　1,300－4,730＝△3,430　≦　0　　要件クリア

・第2段階の判定

　公益全体　19,300－19,560＋174※＝△86　≦　0　　要件クリア

　　収益事業等会計からの繰入額の計算（50％繰入の場合）

　　7,680×3,880÷23,440（19,560＋3,880）＝1,271※

　　　　※収益事業等会計に配賦される管理費の額

　　（1,620－1,271）×50％＝174

　今回は千円単位以下を切り捨て簡便的に計算して説明しています。

❷ 別表B：公益目的事業比率の算定

公益目的事業比率は、正味財産増減計算書内訳表の公益目的事業の経常費用計の額で算定します。

正味財産増減計算書内訳表
X1年4月1日からX2年3月31日まで

(単位：千円)

科目	公益目的事業会計				収益事業等会計	法人会計	合計
	公1	公2	共通	小計	収益		
1．経常増減の部							
(1) 経常収益							
受取会費	0	0	6,000	6,000	0	6,000	12,000
事業収益	0	1,300	0	1,300	5,500	0	6,800
受取寄付金	12,000	0	0	12,000	0	0	12,000
経常収益計	12,000	1,300	6,000	19,300	5,500	6,000	30,800
(2) 経常費用							
事業費	14,830	4,730		19,560	3,880		23,440
管理費						7,680	7,680
経常費用計	14,830	4,730	0	19,560	3,880	7,680	31,120
当期経常増減額	△ 2,830	△ 3,430	6,000	△ 260	1,620	△ 1,680	△ 320
2．経常外増減の部							
当期経常外増減額	0	0	0	0	0	0	0
他会計振替額	0	0	174	174	△ 174	0	0
当期一般正味財産増減額	△ 2,830	△ 3,430	6,174	△ 86	1,446	△ 1,680	△ 320

・公益目的事業比率の算定

19,560÷31,120＝62.853%　≧　50%　　要件クリア

❸ 別表C：遊休財産額の保有制限の判定

遊休財産は、正味財産から控除対象財産を差し引いて算定します。

保有限度額は、公益目的事業の年間事業費です。

・遊休財産の算定

29,500－15,000－1,000－800＝　12,700　≦　19,560

要件クリア

❹ 別表D：他の団体の意思決定に関与可能な財産

他の団体の意思決定に関与することができる財産保有の有無について記載します。

❺ 別表E：公益目的事業を行うのに必要な経理的基礎

公益目的事業を行うのに必要な経理的基礎の状況について確認するものであり、監事の資格もしくは経理事務経験について記載します。

❻ 別表F：各事業に関連する費用額の配賦について

各事業に関連する経費の配賦基準や配賦金額を記載します。

なお、別表Fは役員報酬・給与手当とその他経費を分けて記載します。

❼ 別表H：公益目的取得財産額について

公益目的取得財産残額（公益認定の取消し等の場合に法人が贈与すべき額）は、当該公益法人が取得したすべての公益目的事業財産から公益目的事業のために費消・譲渡した財産を除くことで算定します。

以下の2つの要素に分けて合算します。

① 当該事業年度末日における公益目的増減差額

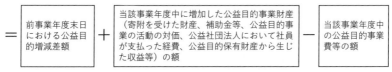

（※下記②の公益目的保有財産の算定と二重計上にならないよう、一定の調整額を計上）

② 当該事業年度の末日における公益目的保有財産の帳簿価額の合計額

内閣府「定期提出書類の手引き 公益法人編」より引用

Q43 資産取得資金と特定費用準備資金とは何ですか

A 資産取得資金と特定費用準備資金とは、将来の特定の活動又は資産を取得するために一定の要件を満たした積立金です。

❶ 資産取得資金

　資産取得資金とは、将来、公益目的事業やその他の必要な事業、活動に用いる実物資産を取得又は改良するために積み立てる資金です。

　例えば、法人で保有している固定資産の買い替えや建設に備えた資金の積立など、あくまで固定資産を購入するための資金になります（FAQ V-4-④）。

❷ 特定費用準備資金

　特定費用準備資金とは、将来の特定の活動の実施のために特別に支出する費用（事業費・管理費に計上されるものであり、引当金の対象となるものは除く。）に係る支出に充てるために保有する資金です。

　例えば、新規事業の開始、既存事業の拡大、数年周期で開催するイベントや記念事業等の費用など将来の支出が確実なものに対する積立が該当します（FAQ　V-3-④）。

❸ 積立に必要な要件

　積立金は以下の要件をすべて満たす必要があります（FAQ　V-3-④、V-4-④）。

① 　資金の目的である活動又は改良を行うことが見込まれること。

② 資金の目的毎に他の資金と明確に区分して管理され、貸借対照表の特定資産に計上していること。

③ 資金の目的である支出に充てる場合を除くほか、取り崩すことができないものであること又は目的外で取り崩す場合に理事会の決議を要するなど特別の手続が定められていること。

④ 積立限度額が合理的に算定されていること。

⑤ 特別の手続の定め、積立限度額、その算定根拠について事業報告に準じた備置き、閲覧等の措置が講じられていること。

なお、財務三基準と明確に関連するため、計画的な積立が必要となります。

44 公益目的支出計画とは何ですか

A 移行法人が、移行時の純資産額を基礎に算定した公益目的財産額を公益の目的のために支出していく計画です。

　移行法人は、移行時の純資産額を基礎に算定した公益目的財産額に相当する金額を公益の目的のため計画的に支出していかなければなりません。これを公益目的支出計画といいます。

　なお、公益目的支出計画は、あくまで計算上の数値です。そのため、公益目的支出計画を履行しながら法人全体の正味財産を増やすことも可能です。

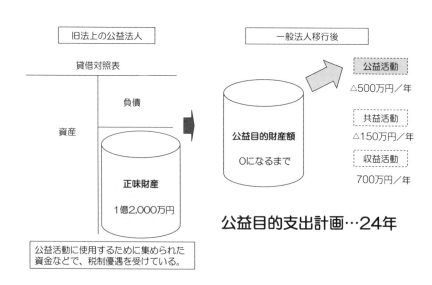

　上の図の数値で説明しますと、公益目的財産額が1億2,000万円ある

法人が、毎年実施事業である公益活動で500万円の費用を支出している
とします。その場合、1億2,000万円÷500万円の24年で公益目的支出
計画が終わることになります。また、当該法人の場合、共益活動は150
万円のマイナスですが、収益活動で700万円の収益があるため、法人全
体では50万円（△500+△150+700＝50）の利益となり、毎年50万円
ずつ法人全体の正味財産が増加していくことになります。

　なお、公益目的支出計画が完了し行政庁の確認が完了した法人は、行
政庁の管轄から外れます。

第 6 章

一般・公益法人の税務

A 一般・公益法人にも非課税とされるものを除き、一定の税金が課されます。

　一般・公益法人は非営利性や公益性の高い法人であるため、税制の優遇措置が設けられています。そのため、一般・公益法人には一部納税義務がない税金や、公益目的事業に関する取引等を非課税としている税金があります。しかし、一般・公益法人は税制優遇を受けているとはいっても全ての税金が非課税とされているわけではありません。

　法人税法においては、一般法人は、非営利型法人と普通法人に分かれます。また、消費税においては、その税の性格上、一般・公益法人であることをもって納税義務が免除されるわけではありませんので注意が必要です。

　各税目の納税義務や計算方法は次のページ以降のQを参照してください。一般・公益法人に関係する税金は次のとおりです。

税目	課税の対象	公益法人の納税義務	一般法人の納税義務	課税期間
法人税及び地方法人税	事業年度の所得金額	納税義務なし（収益事業により生じた所得には課税）	納税義務あり（非営利型法人は収益事業により生じた所得に課税）	事業年度
法人住民税				
法人事業税				
特別法人事業税				

消費税及び地方消費税	商品の販売や貸付け、サービスの提供等	納税義務あり（課税売上高1,000万円以下の場合等を除く）		事業年度
源泉所得税	給与、報酬等の支払い	源泉徴収義務あり		毎月（納期の特例の適用がある場合を除く）
固定資産税及び都市計画税	土地や建物、有形償却資産等の所有	納税義務あり（一定の事業の用に供する固定資産は非課税）		1/1
不動産取得税	不動産の取得	納税義務あり（一定の事業の用に供する不動産は非課税）		随時
自動車税及び軽自動車税	自動車や軽自動車の所有	納税義務あり（一定の社会福祉事業等の用に供する車輌などは減免）		4/1
自動車重量税	自動車の重量	納税義務あり		随時
事業所税	事業所面積、従業員人数	納税義務なし（収益事業により生じた所得には課税）	納税義務なし（非営利型法人は収益事業により生じた所得には課税）	事業年度
登録免許税	法人登記	非課税		随時
	不動産の登記等	公益法人：学校、保育所等の設置等に係る登録免許税は非課税	課税（一定の場合は非課税）	随時
印紙税	文書の作成	納税義務あり（定款、金銭又は有価証券の受取書などは非課税）		随時

Q 46 法人税が課される場合を 教えてください

A 公益法人・非営利型法人は、法人税法の収益事業を行っている場合に課されます。普通法人は全ての所得に課されます。

❶ 法人税が課される場合とは

　公益法人及び非営利型法人は、法人税法上、公益法人等[※1]に該当するため、法人税法上の収益事業から生じた所得以外には課税されません。したがって、法人税法上の収益事業を行っている場合にのみ法人税を納めることとなります。また、公益法人は、みなし寄附金という所得を減らすことができる優遇措置も用意されています。

　なお、一般法人のうち普通法人は、収益事業の実施に関係なくすべての所得に対して課税されます。

※1　公益法人等とは公益を目的とする法人で、法人税法別表第2に掲げる宗教法人、学校法人、社会福祉法人、公益社団法人、公益財団法人、一般社団法人（非営利型法人に該当するものに限る）、一般財団法人（非営利型法人に該当するものに限る）、社会医療法人等をいいます。

❷ 法人税の納税義務

　法人税とは、法人の各事業年度の所得に課される税金です。内国法人は法人税を納める義務がありますが、公益法人等や人格のない社団等については収益事業を行う場合に限られています（法人税法第4条）。なお、公益法人・非営利型法人が収益事業を行うこととなった場合には、収益事業を開始した日から2箇月以内に納税地の所轄税務署長に「収益

事業開始届出書」を提出しなければなりません。また、青色申告書の承認の申請書は、新たに収益事業を開始した日の属する事業年度の場合は、開始した日以後３月を経過した日と当該事業年度終了の日とのうちいずれか早い日の前日までに提出することとされています。

❸ 非営利型法人と普通法人について

①概要

　一般法人は、法人税法上、非営利性の徹底された一般社団（財団）法人（非営利型法人）と、非営利性の徹底された一般社団（財団）法人以外の法人（普通法人）に区分されます。一般法人であって非営利型法人に該当しない法人は、法人税法別表第二に掲げられていないため普通法人として取り扱われます。

　図に示すと次のとおりです。

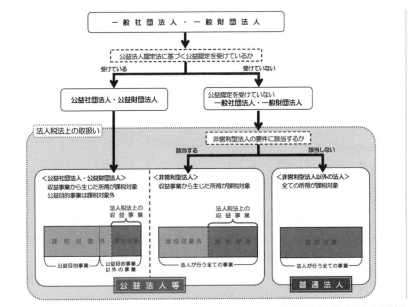

国税庁「一般社団法人・一般財団法人と法人税」より引用

②非営利型法人の要件

　非営利型法人は、①非営利性が徹底された法人②共益的活動を目的とする法人の2種類に区分されます。①又は②は、それぞれの要件を全てに該当することにより、特段の手続きを踏むことなく非営利型法人となります。

非営利型法人の要件

類　型	要　件
① 非営利性が 徹底された法人 （法人税法2九の 二イ、法人税法施 行令3①）	1　剰余金の分配を行わないことを定款に定めていること。
	2　解散したときは、残余財産を国・地方公共団体や一定の公益的な団体に贈与することを定款に定めていること。
	3　上記1及び2の定款の定めに違反する行為（上記1、2及び下記4の要件に該当していた期間において、特定の個人又は団体に特別の利益を与えることを含みます。）を行うことを決定し、又は行ったことがないこと。
	4　各理事について、理事とその理事の親族等である理事の合計数が、理事の総数の3分の1以下であること。
② 共益的活動を 目的とする法人 （法人税法2九の 二ロ、法人税法施 行令3②）	1　会員に共通する利益を図る活動を行うことを目的としていること。
	2　定款等に会費の定めがあること。
	3　主たる事業として収益事業を行っていないこと。
	4　定款に特定の個人又は団体に剰余金の分配を行うことを定めていないこと。
	5　解散したときにその残余財産を特定の個人又は団体に帰属させることを定款に定めていないこと。
	6　上記1から5まで及び下記7の要件に該当していた期間において、特定の個人又は団体に特別の利益を与えることを決定し、又は与えたことがないこと。
	7　各理事について、理事とその理事の親族等である理事の合計数が、理事の総数の3分の1以下であること。

国税庁「一般社団法人・一般財団法人と法人税」より引用

❹ 収益事業の範囲

　収益事業とは、継続して事業場を設けて行われる事業で法令に定められた34事業をいいます（法人税法第２条、法人税法施行令第５条）。収益事業として挙げられている34事業は次の表のとおりですが、公益法人においては、認定法上の公益目的事業に該当する事業を収益事業から除外する規定があり、この公益目的事業は法人税の課税対象となりません。

　なお、非営利型一般法人が公益法人会計基準の会計区分である実施事業等会計に計上するなど、収益事業以外の会計区分に計上した場合であっても、法人税法上の収益事業に該当する場合には法人税が課税されます。

事業名	内容	主な除外規定
物品販売業	物品の販売を行う卸売業や小売業	
不動産販売業	土地や建物の売買等	相当期間保有されていたものの譲渡を除く
金銭貸付業	金銭の貸付け等	共済貸付け等の貸付金の利率が年7.3％以下の低利貸付である場合を除く
物品貸付業	物品の貸付け等	
不動産貸付業	土地や建物の貸付け等	国又は地方公共団体に対し直接貸し付ける行為を除く
製造業	原材料の加工による製造業等	
通信業	通信事業、放送事業等	
運送業	旅客や貨物の運送等	
倉庫業	物品の保管等を行う事業	

請負業	事務、調査、研究の委託を受ける事業	国等から委託された事業で実費弁償によるものを除く
印刷業	製本、複写等を行う事業	
出版業	出版物の製作、販売等を行う事業	特定の資格を有する者を会員とする法人が会報等をその会員に配布する事業を除く
写真業	写真の現像、印刷等を行う事業	
席貸業	席貸しを行う事業	主たる目的に関連して行う席貸業で会員その他会員に準ずる者の用に供するためのもののうち使用料の額が実費を超えないものを除く
旅館業	旅館や下宿営業等を行う事業	学生又は生徒の就学を援助する目的の公益法人等が経営する学生寮のうち、地方税法施行令第51条の8の要件すべてを満たすものを除く
飲食店業	料理店、飲食店等	
周旋業	商行為以外の媒介を行う事業、不動産仲介業、職業紹介所等	
代理業	商行為の代理を行う事業、保険代理店、旅行代理店等	
仲立業	商行為の媒介を行う事業、商品売買の仲介等	
問屋業	出版取次業、広告代理店業等	
鉱業	鉱物の採掘等	
土石採取業	土石の採取等	
浴場業	入浴サービスの提供等	
理容業	理容サービスの提供等	
美容業	美容サービスの提供等	

興行業	映画、演劇等の興行を行う事業等	常設の美術館、博物館、資料館等において主としてその所蔵品を展示して観覧させる行為は有料で行われているものを除く
遊技所業	野球場、テニスコート等の遊技場を利用させる事業	
遊覧所業	展望台、遊園地で観覧等を行う事業	
医療保健業	医療、歯科技工、獣医業のほか、介護サービス事業や障害福祉サービス等	厚生労働大臣の証明を受けた無料低額となる診療を実施する病院事業を行うなどの法人は除く
技芸教授業	洋裁、着物着付けの習得に関する教授等	
駐車場業	駐車場の経営等	
信用保証業	信用保証を行う事業等	
無体財産権の提供業	特許権、著作権の譲渡等	国又は地方公共団体に対して行われる無体財産権の提供等を除く
労働者派遣業	労働者の派遣を行う事業等	

　上記の34事業に該当する場合であっても、次の事業は収益事業から除かれます（法人税法施行令第5条）。

① 　身体障害者等[※2]がその事業に従事する者の1／2以上を占めており、その者の生活の保護に寄与している事業

② 　母子・父子福祉団体が行う貸付金の貸付けに係る事業、公共的施設内において売店等の設置を行う事業

※2　身体障害者手帳の交付を受けている身体障害者、生活保護の生活扶助を受ける者、療育手帳等の交付を受けている知的障害者、精神障害者保健福祉手帳の交付を受けている精神障害者、65歳以上の高齢者、母子寡婦をいいます

❺ 事業年度

　法人税の所得計算を行う期間である事業年度は、設立や解散した事業年度を除き、法人の定款等に定めるものをいいます（法人税法第13条）。

❻ 申告と納付期限

　法人税の確定申告書は原則として事業年度終了の日の翌日から２箇月以内に提出することとなっています（法人税法第74条）。ただし、災害その他やむを得ない理由等により、事業年度終了の日の翌日から２箇月以内に決算が確定しないと認められる場合には申告期限の延長を申請することができます。

　法人税では、普通法人は、事業年度の中間時点で中間申告書を提出し、納税を行わなければなりません。中間申告書は、事業年度開始の日以後６箇月を経過した日から２箇月以内に提出しなければなりません（法人税法第71条）。ただし、公益法人・非営利型法人は、普通法人ではないため、法人税について、中間申告及び中間申告による納付の義務は生じません（法人税法第76条）。

　法人税の納付は、申告書の提出期限までに行わなければなりません。法人税の確定申告に係る納付期限は、事業年度終了の日の翌日から２箇月以内であり、普通法人に生じる中間申告の納付期限は事業年度開始の日以後６箇月を経過した日から２箇月以内となっています。

❼ 納税地

　法人税の納税地は、原則として法人の主たる事務所の所在地です。また、主たる事務所に異動があった場合には異動前の納税地の所轄税務署長に「異動届出書」を提出しなければなりません。

❽ 青色申告制度

　法人税では、一定の帳簿書類を備付け、記録を行った場合には青色申告制度の適用を受けることができます。この制度に基づいて青色申告を行う法人は、所得金額の計算において一定の優遇措置を受けることができます。青色申告を行うためには、法定の帳簿書類を備え付けて取引を記録・保存するとともに一定の期限までに税務署長に「青色申告の承認申請書」を提出し承認を受ける必要があります。「青色申告の承認申請書」の提出期限は次の日のいずれか早い日の前日までとなっています。

①　新たに収益事業を開始した日以後3箇月を経過した日
②　青色申告の適用を受けようとする事業年度終了の日

❾ 法人税の税率

　法人税の税率は法人の区分に応じて、次の表のとおりです。

区分			税率
普通法人（非営利型法人以外の法人、資本金1億円以下の法人等）	課税所得年800万円以下の部分	下記以外の法人	15%
		適用除外事業者 （※3）	19%
	課税所得年800万円超の部分		23.2%
公益法人等（公益法人及び非営利型法人）	課税所得年800万円以下の部分		15%
	課税所得年800万円超の部分		23.2%

※3　その事業年度開始の日前3年以内に終了した各事業年度の所得金額の年平均額が15億円を超える法人等

❿ 法人税の計算

①区分経理

　公益法人・非営利型法人は、収益事業から生じた所得にのみ法人税が課税されるため、収益事業から生じた所得に関する経理と非収益事業から生じた所得に関する経理とを区分しなければなりません（法人税法施行令第6条）。したがって、法人税の計算上は、収益事業と収益事業以外の事業とに区分して経理する必要があります。

　収益事業について直接要した費用の額又は直接生じた損失の額は、収益事業に係る費用又は損失として経理します（法人税法基本通達15-2-5）。また、収益事業と収益事業以外の事業とに共通する費用又は損失の額は、その費用又は損失の性質に応ずる合理的な基準により収益事業と収益事業以外の事業とに配賦し、これに基づき経理します（法人税基本通達15-2-5）。

②所得計算

　法人税は各事業年度の所得金額に法人税率を乗じて計算します。法人税の所得は、益金の額から損金の額を控除した金額です。法人税法上の所得金額は、一般・公益法人の会計上の当期一般正味財産増減額に相当するものですが、これらの金額には差異が生じます。なぜなら、一般・公益法人の会計上の当期一般正味財産増減額が一般・公益法人の財務状況を明らかにするものであるのに対して、法人税法上の所得金額は法人税を公平に課税するため調整等が加えられるものであるからです。

　したがって、会計上の当期一般正味財産増減額に法人税法上の定めによる調整を加えたものが法人税法上の所得金額となります。

法人税法 所得金額＝益金の額－損金の額

$$\neq$$

会計 当期一般正味財産増減額＋当期指定正味財産増減額＝収益の額
－費用の額

⑪ みなし寄附金

　公益法人が収益事業で獲得した資金は、公益目的事業会計へ充当することが目的であるため、税制上の優遇措置としてみなし寄附金の制度が設けられています。

　公益法人がその収益事業に属する資産のうちからその収益事業以外の事業のために支出した金額は、その収益事業に係る寄附金の額とみなされます。この場合、次の金額のうち、大きい金額まで寄附金の損金算入が認められます（法人税法第37条、法人税法施行令第73条）。

　①　その事業年度の所得の金額×50/100
　②　公益目的事業の実施のために必要な金額（その金額がみなし寄附金を超える場合には、そのみなし寄附金額に相当する金額）

　なお、一般法人は、このみなし寄附金の規定が適用されません。

⑫ 均等割の減免制度

　収益事業を行っていない公益法人・非営利型法人については、所轄地方自治体の条例に基づき、法人の申請により法人都道府県民税・法人市民税の減免を受けることができます。法人都道府県民税・法人市民税の均等割の減免を受けようとする法人は、各税務当局へ減免の手続きをする必要があります。

47 電子帳簿保存法の改正について教えてください

A 令和４年１月１日から電子取引の電磁的記録による保存の義務化など改正が行われました。

❶ 概要

　経済社会のデジタル化を踏まえ、経理の電子化による生産性の向上、記帳水準の向上等に資するため、令和３年度税制改正において、「電子計算機を使用して作成する国税関係帳簿書類の保存方法等の特例に関する法律」（平成10年法律第25号。以下「電子帳簿保存法」といいます。）の改正等が行われました。令和４年１月１日から施行され、帳簿書類を電子的に保存する際の手続き等について、見直しがなされました。

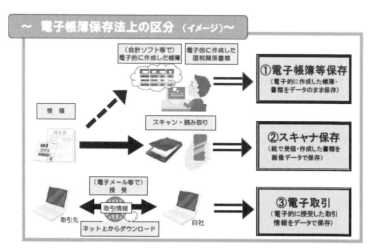

国税庁「電子帳簿保存法が改正されました」より引用

電子帳簿保存法は、各税法で原則紙での保存が義務づけられている帳簿書類について一定の要件を満たした上で電磁的記録（電子データ）による保存を可能にすること及び電子的に授受した取引情報の保存義務等を定めた法律です。電子帳簿保存法上、電磁的記録による保存は、大きくイメージ図の①から③の３種類に区分されています。

❷ 対応

電子取引以外である①電子帳簿等保存②スキャナ保存に関し、紙又は電磁的記録による保存方法は任意選択となっていますが、電子取引に係る部分に関しては、一般・公益法人も対策や対応が必要となります。

電子取引に係る具体的な対応方法を示すと以下のとおりです。

・ソフトを使用せず電子データを規則性のあるファイル名・索引簿で管理し、かつ、任意のフォルダに保存する方法
・電子取引の保存要件を満たすソフトを使用する方法

❸ 「電子取引の電子保存の義務化」 ２年間の猶予期間

令和４年度税制改正において、施行日である令和４年１月１日から２年間、納税者において「やむを得ない事情がある」と認められる場合には、電子取引情報の書面出力及び保存が認められることとなりました。

「やむを得ない事情」の有無についての税務署長の認定は、「手続きを要せずその出力書面等による保存を可能とするよう、運用上、適切に配慮すること」となりました。結果として、「やむを得ない事情」の認定については、特段の手続を要しないこととなります。

48 消費税が課される場合を教えてください

A 2事業年度前の課税売上高が1,000万円を超えた場合等に課され、申告及び納税の義務が発生します。

❶ 消費税が課される場合とは

　消費税は国内の消費に対して広く課税する税金で、消費者が負担し事業者が納付します。商品の販売等を行った事業者は原則として消費税の申告及び納付を行う必要がありますが、小規模事業者の事務負担に配慮して課税される売上金額が小さい場合には消費税の納税義務が免除されます。

　したがって、一般・公益法人では納税義務の免除の適用を受ける場合を除き、消費税の申告及び納付義務があります。なお、一般・公益法人は補助金や寄附金等の消費税の対象とならない取引が多いため、一定の場合には申告にあたって特例計算を行う必要があります。

❷ 消費税の仕組み

　消費税は生産、流通、販売といった取引のつどに課税され、最終的には消費者が負担する仕組みとなっています。この場合、単に各取引に課税すると取引数に比例して、消費税が累積してしまうこととなります。そこで消費税の累積を排除するため、事業者は受け取った消費税から支払った消費税を差し引いた差額について申告し、納付します。

　このような仕組みにより最終的に消費者が負担する消費税を、取引の各段階で事業者が納付したこととなります。

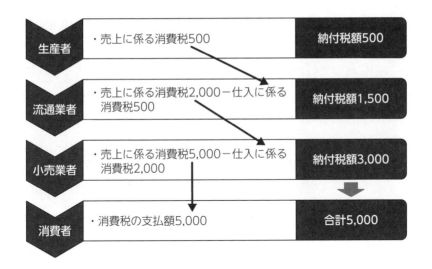

❸ 消費税の課税の対象

　消費税が課税される取引には国内取引と輸入取引があります。国内取引は事業者が申告と納付を行いますが、輸入取引は原則として税関により消費税が計算されることとなっています。

　国内取引は次の区分に分けられ、課税取引に消費税が課されます。また、課税取引以外の金額についても消費税の計算で用いられますので、取引を区分することが必要となります。

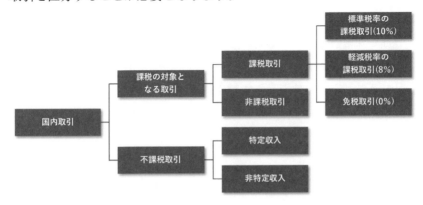

消費税において課税の対象となる取引は次の４つの要件を満たすものです。

①　**国内において行わるものであること**…国内であるかどうかは、原則として取引を行った時におけるその場所で判定します。一般・公益法人は一定の条件のもとに海外事業を行うことができますが、そのような場合において海外で行う取引は消費税の課税の対象となりません。

②　**事業者が行うものであること**…事業者とは個人事業者と法人をいいますので、一般・公益法人も事業者にあたります。なお、雇用契約に基づき職員が行った労務の提供は事業者が行うものではないため、給料は消費税の課税の対象となっていません。

③　**対価を得て行うものであること**…贈与や無償取引、寄附金、補助金は、一般的に対価を求めて行われるものではないため課税の対象となりません。ただし、法人が役員に資産を贈与した場合にはみなし譲渡の規定により課税されますので注意が必要です（消費税法第４条）。

④　**資産の譲渡や貸付け、役務の提供であること**…資産の売買や交換、賃貸借、サービスの提供等をいい、一般・公益法人で行われるほとんど全ての取引を含みます。

　一般・公益法人では行政から補助金や受託金を受け取ることがありますが、上記の要件に照らすと補助金は③を満たさないため不課税取引であり、受託金は全ての要件を満たすため課税の対象となります。

　一方で課税の対象となる要件を満たす取引であっても、消費税の性格や社会政策的な配慮から非課税としている取引があります。また、課税取引のうち一定の要件を満たす輸出取引は免税となり、消費税が免除されます。

❹ 非課税取引

　課税の対象となる取引のうちには、税としての性格から課税すること

になじまないものや、社会政策的な配慮から課税しないこととされた取引（非課税取引）があります。消費税は広く課税するための税金であるため、非課税取引となるものは限られています。具体的には消費税法別表第一に掲げられた次の13項目が挙げられます。なお、一般・公益法人が行う事業は社会政策的な配慮により非課税取引に該当するものが多くあります。

税の性格から課税することになじまないもの

①土地の譲渡、土地の貸付け

②有価証券、支払手段等の譲渡

③利子を対価とする金銭の貸付け等

④郵便切手、印紙、物品切手（商品券、プリペイドカード等）の譲渡

⑤行政サービスの手数料、外国為替

社会政策的な配慮により課税しないもの

⑥社会保険医療等

⑦介護保険法に基づく居宅サービス、社会福祉事業

⑧助産

⑨埋葬料、火葬料

⑩身体障害者用物品の譲渡等

⑪学校教育に関する授業料、入学検定料等

⑫教科用図書の譲渡

⑬住宅の貸付け

---

❺ 消費税の納税義務

消費税は国内において課税取引を行った場合には納税義務があります

が、小規模事業者の事務負担に配慮して2事業年度前の課税売上高が1,000万円以下の場合には免税事業者となり納税義務が免除されます。ただし、2事業年度前の課税売上高が1,000万円以下であっても一定の場合には納税義務が免除されません。公益法人及び一般法人では次のような場合が該当します。

① 課税事業者選択届出書を税務署に提出した場合
② 前年半年間の課税売上高が1,000万円を超える場合
③ 合併による課税売上高が一定の場合
④ 高額特定資産（1,000万円超の固定資産等）を取得した場合

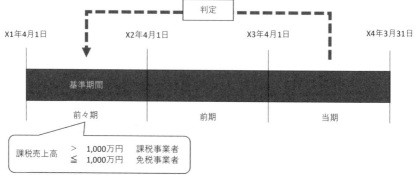

図：納税義務の判定の対象となる基準期間の課税売上高と納税義務

❻ 申告と納付期限

　消費税の確定申告と納付は、原則として、事業年度終了の翌日から2箇月以内に行います。

　また、中間申告は確定申告を行った消費税額に応じて年0回、1回、3回、11回となっています。

　なお、法人税法上の収益事業を実施しているため収益事業会計と非収益事業会計とに区分経理し会計単位を別々にしている場合であっても、

消費税の計算及び確定申告は事業者を単位として計算することとされているため、すべての会計を合計し消費税の計算及び確定申告を行います。

❼ 消費税の税率

消費税の税率は次のようになっています。軽減税率の対象となる品目は①飲食料品と②一定の定期購読契約の新聞です。

	消費税	地方消費税	合計
標準税率	7.8%	2.2%	10%
軽減税率	6.24%	1.76%	8%

❽ 消費税の計算

消費税の原則的な計算方法は次のとおりです。消費税の計算は売上の際に預かった消費税から仕入れ等により支払った消費税等を控除して計算します。このとき、支払った消費税として控除できるのは課税売上（預かった消費税）に対応したもののみであり、非課税売上に対応する仕入れ等の消費税は控除することができません。そのため、非課税売上の割合が大きい場合又は課税売上高が一定金額以上の場合には、支払った消費税には課税売上割合※を乗じて計算する必要があります。

※ 課税売上・非課税売上・免税売上のうちに課税売上・免税売上の占める割合をいいます。

この原則的な計算方法（一般課税）については、課税売上割合と課税売上高に応じ、仕入れ等の消費税（仕入税額控除）の計算が①全額控除

方式、②個別対応方式、③一括比例配分方式に区分されます。

①　全額控除方式

　課税期間の課税売上割合95％以上、かつ、課税期間の課税売上高5億円以下である場合に認められる計算方式です。

　課税期間における課税標準額に対する消費税額から課税仕入れに係る消費税額は全額控除されることとなります。

②　個別対応方式

　課税期間の課税売上割合95％未満、又は、課税期間の課税売上高5億円超である場合には、個別対応方式か、後述する③一括比例配分方式のいずれかを選択適用することとなります。

　個別対応方式は、課税仕入れに係る消費税額を、売上との対応関係で、課税資産の譲渡等にのみ要するもの（課税売上対応）、その他の資産の譲渡等にのみ要するもの（非課税売上対応）、課税資産の譲渡等とその他の資産の譲渡等に共通して要するもの（共通対応）の3つのいずれかに区分する必要があります。区分していない場合には、個別対応方式を採用することができず、後述する③一括比例配分方式により税額計算することとなります。

　個別対応方式においては、課税資産の譲渡等にのみ要するもの（課税売上対応）は、課税標準額に対する消費税額から課税仕入れに係る消費税額は全額控除することができる一方、その他の資産の譲渡等にのみ要するもの（非課税売上対応）は、課税標準額に対する消費税額から課税仕入れに係る消費税額を控除することが認められておりません。課税資産の譲渡等とその他の資産の譲渡等に共通して要するもの（共通対応）については、課税資産の譲渡等に対応する部分は控除することが認められていますが、その他の資産の譲渡等に対応する部分は控除することが認められておりません。この共通対応の計算の基準として課税売上割合を使用することが原則とされています。

③ 一括比例配分方式

　課税期間の課税売上割合95％未満、又は、課税期間の課税売上高５億円超である場合に採用することができる計算方式です。個別対応方式における課税仕入れ等に係る消費税額の課税売上割合相当額が仕入税額控除額となります。個別対応方式から一括比例配分方式へ計算方法を変更した場合、変更から２年間、継続適用した後でなければ個別対応方式の選択をすることができません。一括比例配分方式を選択する際は注意が必要です。

❾ 簡易課税制度

　消費税の原則的な計算は、売上と仕入れ等の取引について課税取引・非課税取引・免税取引別に区分する必要があります。そのため、中小事業者の事務負担に配慮して、売上の区分のみで消費税が計算できるよう簡易課税制度が設けられています。簡易課税制度の適用を受けることができるのは、①２事業年度前の課税売上高が5,000万円以下であり、②消費税簡易課税制度選択届出書を前事業年度の末日までに税務署長に提出している場合です。

　簡易課税制度を適用した場合には、次の計算式で消費税の計算を行います。みなし仕入率は事業別に40～90%までその割合が定められています。

$$\text{預かった消費税額} - \left[\text{預かった消費税額} \times \text{みなし仕入率} \right] = \text{納付税額}$$

Q49 国、地方公共団体等の 特例計算について教えてください

A 特定収入の占める割合が5％以上の場合は特例計算を行います。

❶ 概要

　一般・公益法人の消費税の計算においては、補助金や寄附金等の対価性を有しない収入が多くあります。このような収入は消費税の課税の対象とされていませんので、これに対応する仕入れ等の消費税額は控除できないよう調整が必要となります。具体的には特定収入の占める割合が5％以上の場合には、簡易課税制度の適用を受ける場合を除き特例計算を行う必要があります。

❷ 特定収入とは

　特定収入とは、課税の対象とならない資産の譲渡等の対価以外の収入で、次のようなもの以外の収入をいいます。
① 借入金
② 出資金
③ 預金、貯金及び預り金
④ 貸付回収金
⑤ 返還金及び還付金
⑥ 次に掲げる収入
　（a） 法令又は交付要綱等において、特定支出のためにのみ使用することとされている収入

180

   (b)　国、地方公共団体が合理的な方法により資産の譲渡等の対価以
　　　外の収入の使途を明らかにした文書において、特定支出のために
　　　のみ使用することとされている収入

したがって、例えば、次のような収入が特定収入に当たります。

ア　租税

イ　補助金

ウ　交付金

エ　寄附金

オ　出資に対する配当金

カ　保険金

キ　損害賠償金

ク　資産の譲渡等の対価に当たらない負担金、他会計からの繰入金、会
　　費等、喜捨金（お布施、戒名料、玉串料など）

❸ 特定収入がある場合の仕入控除税額の調整計算

　一般・公益法人が簡易課税制度を適用せず、一般課税により仕入控除
税額を計算する場合で、特定収入割合が５％を超えるときは、通常の計
算方法によって算出した仕入控除税額から一定の方法によって計算した
特定収入に係る課税仕入れ等の消費税額を控除した残額を、その課税期
間の仕入控除税額とする調整が必要です。

　ただし、一般・公益法人が簡易課税制度を適用している場合又は特定
収入割合が５％以下である場合には、この仕入控除税額の調整をする必
要はなく、通常の計算方法によって算出した仕入控除税額の全額を、そ
の課税期間の仕入控除税額とします。

　なお、特定収入割合は、以下のように計算されます。

特定収入割合

$$= \frac{特定収入の合計額}{課税売上高(税抜) ＋免税売上高＋非課税売上高＋国外売上高＋特定収入の合計額}$$

　なお、特定収入割合が５％を超える場合の仕入控除税額の調整計算は図表の下記のとおりです。

仕入控除税額の調整がある場合の納付税額は、次の計算式により計算した金額となります。

納付税額 ＝ その課税期間中の課税標準額に対する消費税額 － （調整前の仕入控除税額※ － その課税期間中の**特定収入に係る課税仕入れ等の税額**）

※　調整前の仕入控除税額とは、通常の計算方法により計算した仕入控除税額をいいます。

Q 50 適格請求書等保存方式（インボイス制度）について教えてください

A 令和5年10月1日から適格請求書等の保存が仕入税額控除の要件となります。

❶ 概要

　令和5年10月1日から、複数税率に対応した消費税の仕入税額控除の方式として適格請求書等保存方式（いわゆるインボイス制度）が導入されます。適格請求書等保存方式の下では、税務署長に申請して登録を受けた課税事業者である「適格請求書発行事業者」が交付する「適格請求書」（いわゆるインボイス）[※1] 等の保存が仕入税額控除の要件となります。

　適格請求書等保存方式の導入後は、免税事業者や消費者など、適格請求書発行事業者以外の者から行った課税仕入れは、原則として仕入税額控除を行うことができません。ただし、区分記載請求書[※2]と同様の事項が記載された請求書等及びこの経過措置の規定の適用を受ける旨を記載した帳簿を保存している場合には、下記の表のとおり、一定の期間は、仕入税額相当額の一定割合を仕入税額として控除できる経過措置が設けられています。

期間	割合
令和5年10月1日から令和8年9月30日まで	仕入税額相当額の80%
令和8年10月1日から令和11年9月30日まで	仕入税額相当額の50%

※1　適格請求書
売手が、買手に対し正確な適用税率や消費税額等を伝えるための手段であり、一定の事項が記載された請求書や納品書その他これらに類する書類をいいます。請求書や納品書、領収書、レシート等、その書類の名称は問いません。

※2　区分記載請求書
令和元年10月1日から令和5年9月30日までの間は、この仕入税額控除の要件について、令和元年9月30日までの請求書等保存方式を基本的に維持しつつ、軽減税率の適用対象となる商品の仕入れかそれ以外の仕入れかの区分を明確にするための記載事項を追加した帳簿及び請求書等の保存が要件とされました（区分記載請求書等保存方式）。

❷ 適格請求書発行事業者の義務等（売手側の留意点）

　適格請求書発行事業者には、適格請求書を交付することが困難な一定の場合を除き、取引の相手方（課税事業者に限ります。）の求めに応じて、「適格請求書」を交付する義務及び交付した「適格請求書」の写しを保存する義務が課されます。

　なお、不特定多数の者に対して販売等を行う小売業、飲食店業、タクシー業等については、記載事項を簡易なものとした「適格簡易請求書」を交付することができます。

❸ 仕入税額控除の要件（買手側の留意点）

　適格請求書等保存方式の下では、適格請求書などの請求書等の交付を受けることが困難な一定の場合を除き、一定の事項を記載した帳簿及び請求書等の保存が仕入税額控除の要件となります。

Q51 源泉所得税が課される場合を教えてください

A 給与等の支払いをした場合には、源泉所得税の納税を行う必要があります。

❶ 源泉所得税とは

所得税の源泉徴収制度とは、個人の所得に課される所得税を給与等の支払をする者が給与等から徴収し、国に納付する制度をいいます。一般・公益法人においても、個人に対して①給与等、②退職手当等、③報酬料金等の支払いを行った場合には源泉徴収を行う必要があります。

① **給与等**…給料、賃金、賞与、その他これらの性質を有する給与をいいます。なお、理事や監事、評議員に対する報酬も給与等に含まれます。

② **退職手当等**…退職手当をいいます。

③ **報酬料金等**…報酬・料金、契約金、賞金等をいいます。

❷ 源泉徴収額の計算方法

源泉徴収は所得税と復興特別所得税を併せて徴収します。源泉徴収額は所得の種類に応じて次のように計算します。

所得の区分	税率	控除等
給与所得	給与所得の源泉徴収税額表	申告書提出で扶養控除等
退職所得	税額表又は20.42%	申告書提出で退職所得控除
報酬料金等	1回の支払金額が100万円以下の金額×10.21%（100万円を超える場合はその超える部分の金額×20.42%）	資格・業種等により一定金額を控除

❸ 年末調整

　年末調整とは、給与所得について源泉徴収した税額とその年分の支給総額に対する年税額との調整をいいます。年末調整は給与の支払者が退職者等を除く全ての給与所得者に対して行います。

❹ 利子・配当等に係る源泉所得税の非課税

　公益法人が支払を受ける一定の利子等に係る源泉所得税は、非課税となります（所得税法第11条）。一般法人は、支払を受ける利子等に対して所得税が課税されます。なお、公益法人・非営利型法人が収益事業を行っている場合、収益事業に属する預貯金等から生じた利子等に対して課された源泉所得税の額があるときには、その源泉所得税の額は、法人税の申告に際して、法人税の額から控除することができます（法人税法第68条）。

52 固定資産税が課される場合を教えてください

A 非課税とされる固定資産以外の固定資産には課されます。

❶ 固定資産税が課される場合とは

　固定資産税は土地や家屋、償却資産^(※)を所有する場合に市町村や都により課される税金です。公益法人・非営利型法人が行う事業のうち、一定の事業の用に供する固定資産は非課税とされています。したがって、非課税となる固定資産以外の固定資産を有する場合には固定資産税が課されます。

※償却資産…自動車以外の有形固定資産等で減価償却を行うもの

❷ 公益法人において非課税とされるもの

　公益法人が設置する幼稚園、医療関係者の養成所、図書館、博物館、寄宿舎などにおいて直接その用に供される固定資産については、固定資産税が非課税とされています。

❸ 非営利型法人において非課税とされるもの

　非営利型法人が設置する平成20年12月１日より前から設置している幼稚園及び医療関係者の養成所、平成20年12月１日より前から設置している図書館、博物館などにおいて直接その用に供される固定資産は、固定資産税が非課税とされています。

❹ 固定資産税の課税

　固定資産税は原則として市町村や都により賦課期日（１月１日）の固定資産の所有者に対して課税されます。土地と家屋は土地登記簿・建物登記簿の情報をもとに課税され、償却資産の所有者が１月31日までに申告を行うことにより課税されます。固定資産税は賦課課税方式が採用されており、市町村や都が税額を決定します。

Q53 租税特別措置法第40条及び第70条について教えてください

A 個人が土地等の寄附を行った場合、一定の要件を満たすことにより所得税及び相続税が非課税となります。

❶ 租税特別措置法第40条とは

　個人が土地等の財産を法人へ寄附した場合、寄附を行った時の時価により譲渡があったものとされ、取得時から寄附時までの値上がり益に対してその個人に所得税が課税されます（所得税法第59条）。

　租税特別措置法第40条は個人から公益法人・非営利型法人への財産の寄附で生じる譲渡所得について、一定の要件を満たす場合に所得税が非課税となる規定です。

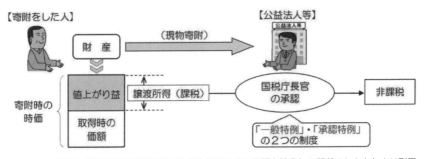

国税庁「「租税特別措置法第40条の規定による承認申請書」の記載のしかた」より引用

❷ 租税特別措置法第40条の適用を受けるには

　租税特別措置法第40条の適用を受けるためには、一般特例として次の要件を満たし、寄附を行う者が国税庁長官の承認を受ける必要があります。

①　寄附財産が教育又は科学の振興、文化の向上、社会福祉への貢献その他公益の増進に著しく寄与すること

②　寄附財産が、寄附があった日から2年以内に公益目的事業の用に直接供されるか、供される見込みであること

③　寄附をすることにより、寄附をした者の所得税や寄附をした者の親族等の相続税、贈与税の負担を不当に減少させる結果とならないと認められること

　また、寄附を行う者が公益法人の役員等でない場合には適用要件が緩和された承認特例を受けることができます。

❸ 租税特別措置法第40条の適用が取り消される場合

　次のような場合には、租税特別措置法第40条の適用が取り消され寄附を行った者や寄附を受けた公益法人・非営利型法人に所得税が課税されることとなります。

①　寄附財産が、寄附があった日から2年以内に公益目的事業の用に直接供されなかった場合

②　寄附財産が、寄附を受けた公益法人・非営利型法人の公益目的事業の用に直接供されなくなった場合

❹ 租税特別措置法第70条とは

　個人が相続財産を公益法人に贈与した場合、その財産が公益を目的と

する事業の用に供されるなど一定の要件を満たす場合には、相続税について非課税となります。なお、「相続又は遺贈により財産を取得した者」が対象者とされていますので、贈与で取得した場合には適用を受けることができません。

❺ 租税特別措置法第70条の適用を受けるには

相続開始の日から10箇月以内に、所轄税務署長宛て相続税申告書に一定書類を添付して提出する必要があります。

❻ 租税特別措置法第70条の適用が取り消される場合

贈与を受けた法人が、当該贈与から2年を経過した日までに要件を満たさなくなった場合、当該財産を同日においてなおその公益目的事業の用に供していない場合には、非課税の適用が取り消され相続人及び受遺者に相続税が課税されます。

❼ 租税回避防止規定

一般・公益法人に対し個人が寄附等を行い、その寄附をした者の親族その他これらの者と特別の関係がある者の相続税又は贈与税の負担が不当に減少する結果となると認められるときは、その一般・公益法人を個人とみなして贈与税又は相続税が課されます（相続税法第66条）。

なお、「相続税又は贈与税の負担が不当に減少する結果となると認められるとき」の判定については、運営組織が適正であるかなどの一定の要件を満たしているかどうかで判断します（相続税法施行令第33条）。

Q 54 その他に税金が課される場合を教えてください

A 一般・公益法人も非課税とされる規定がある税目を除き、納税の義務があります。

❶ 地方法人税

地方法人税は国税であり、地方交付税の財源を確保するための税金です。地方法人税の納税義務は法人税の納税義務と同様であり、税額の計算も法人税額に基づいて行われます（地方法人税法第4条、第5条）。地方法人税の申告と納付の期限は事業年度終了の日の翌日から2箇月以内となっています。公益法人・非営利型法人は収益事業を行っている場合に課税されます（地方税法第25条）。

❷ 法人住民税

法人住民税には、市町村が課す市町村民税と都道府県が課す道府県民税・都民税があります。法人住民税は①均等割と②法人税割により計算され、②は公益法人・非営利型法人は収益事業を行っている場合に課税されます（地方税法第25条）。法人住民税の申告と納付の期限は事業年度終了の日の翌日から2箇月以内となっています。
①　**均等割**…均等額で課税される税額
②　**法人税割**…法人税額に基づいて課税される税額

❸ 法人事業税

法人事業税は都道府県により課される税金で、①付加価値割、②資本

割、③所得割、④収入割により計算されます。公益法人・非営利型法人については収益事業から生じた所得にのみ課税さることとなっています（地方税法第72条の5）。法人事業税の申告と納付の期限は事業年度終了の日の翌日から2箇月以内となっています。

① **付加価値割**…付加価値額により課される税額

② **資本割**…資本金等の額により課される税額

③ **所得割**…所得に課される税額

④ **収入割**…収入金額に課される税額

❹ 特別法人事業税

特別法人事業税は、令和元年10月1日以後に開始する事業年度から法人事業税（所得割・収入割）の納税義務のある法人に対し課される税金です。特別法人事業税は、国税ですが、法人事業税と併せて申告納付します。

❺ 地方消費税

地方消費税は都道府県により課される税金ですが、消費税とともに計算されます。地方消費税を納める義務がある者は消費税と同様です（地方税法第72条の78）。地方消費税の申告と納付の期限は事業年度終了の日の翌日から2箇月以内となっています。

❻ 都市計画税

都市計画税は市町村や都が都市計画区域内の一定の土地と家屋に対して課す税金です。都市計画税の課税は固定資産税と同様に行われ、公益法人・非営利型法人が行う一定の事業の用に供する場合には非課税となります（地方税法第702条の2）。

❼ 不動産取得税

　不動産取得税は土地や家屋の取得の際に都道府県から課税されます。不動産の取得者が不動産取得税を納める必要がありますが、公益法人・非営利型一般法人が取得する医療関係者（看護師等）の養成所の用に供する不動産など、法人格や事業に対応した一定の要件を満たす場合には非課税とされています（地方税法第73条の４）。

❽ 自動車税及び軽自動車税

　自動車税[※]は都道府県により課税され、軽自動車税は市区町村により課税されます。自動車税及び軽自動車税は取得した際に①環境性能割が課され、所有により②種別割が課されます。自動車税及び軽自動車税については条例により減免できることとされているため、地方自治体ごとに一般・公益法人に対する減免等が定められています（地方税法第167条、第177条の17、第461条、第463条の23）。東京都の場合には、社会福祉施設、障害福祉サービス事業等に用に供する自動車については自動車税種別割の全額が免除されます。

①　環境性能割…自動車の環境性能に応じて課される税額

②　種別割…自動車の種別に応じて課される税額

※　令和元年度税制改正により、令和元年10月より自動車取得税が廃止され、自動車税環境性能割が導入されました。また、自動車税は自動車税種別割に軽自動車税は軽自動車税種別割に改正されました。

❾ 自動車重量税

　自動車重量税は国税となっており、自動車の重量に応じて課税されます。一般・公益法人においても自動車を取得した場合と自動車検査を行う場合に納税する必要があります（自動車重量税法第３条）。

⑩ 事業所税

　事業所税は一定規模以上の市町村や都にのみ課される税金で、都市環境の整備等の費用にあてられます。対象となる指定都市等には、東京都（特別区部）、横浜市、大阪市、名古屋市、札幌市等があります。事業所税は事業所床面積や従業員給与総額等をもとに計算されます。公益法人・非営利型法人は収益事業を行っている場合にのみ課税されます（地方税法第701条の34）。

⑪ 登録免許税

　登録免許税は、登録免許税法別表第一に掲げられた不動産や株式会社の登記等に対して課される国税です。登録免許税法別表第一に定めされた登記のうち、公益法人が行う学校、保育所等の設置に係る登録免許税は非課税とされています（登録免許税法第４条）。なお、公益法人の法人登記に係る登録免許税は登録免許税法別表第一に記載されていませんので、課税の対象となっていません。一方、一般法人の法人登記及び学校、保育所等の設置等に係る登録免許税は課税とされています。

⑫ 印紙税

　印紙税は、印紙税法別表第一に掲げられた文書を作成する場合に課税されます。なお、公益法人等が作成する文書のうち、定款、営業に関しない受取書等は非課税とされています（印紙税法第５条）。

演習問題解答

〈有価証券の会計処理〉

Ｘ１年４月１日　国債購入時

	借方		貸方	
投資有価証券 （その他固定資産）	1,450,000	現金預金		1,450,000

Ｘ２年３月31日　決算整理事項

	借方		貸方	
投資有価証券 （その他固定資産）	5,000 (※)	受取利息（一般）		5,000 (※)

※　額面金額1,500,000－購入金額1,450,000＝50,000
　　50,000÷満期までの年数10年（12箇月/120箇月）＝5,000

国債の額面と購入金額の差額は金利の調整と認められるため、決算整理事項において額面と購入金額の差額を満期までの年数で除した額を、毎期受取利息として計上し、一般正味財産の部へ表示します。満期時においてこの投資有価証券の貸借対照表価額は1,500,000円となります。

〈棚卸資産の会計処理〉

X2年3月25日切手購入時

	借方		貸方	
	貯蔵品	10,000	現金預金	10,000

　購入時において当期に使用しないことが明らかであるため、貯蔵品として資産に計上します。翌年度の使用時に貯蔵品を費用（通信運搬費）に振り替えます。

〈基本財産の会計処理〉

Ｘ１年５月１日　寄附受入時

	借方		貸方	
	定期預金（基本財産）	10,000,000	受取寄付金（指定）	10,000,000

　この寄附は寄附者より基本財産として指定されたため、基本財産として計上します。また寄附者より寄附金の使途についても指定されていることから、指定正味財産の部へ計上する受取寄附金を相手科目として計上します。

〈特定資産の積立〉

X2年3月31日　特定資産の積み立て

	借方		貸方	
	特定資産－周年事業 積立資産（一般）	3,000,000	現金預金	3,000,000

　将来の周年事業開催のために積立金を積み立てるため、積立ての目的を示す名称を付します。また、流動資産として計上している現金預金と区別するため、積立額と同額を貸借対照表上、特定資産として表示します。

〈特定資産の取崩〉

X2年10月1日　積立金の取り崩し

	借方		貸方	
	現金預金	3,000,000	特定資産－周年事業 積立資産（一般）	3,000,000
	事業費－会場費	1,500,000	現金預金	1,500,000
	事業費－消耗品費	1,500,000	現金預金	1,500,000

　事業の開催に伴い支出した費用に対応する金額を、周年事業積立資産から取り崩し、流動資産へ充当します。

〈退職給付引当金の会計処理〉

X1年5月10日　掛金振込時

	借方		貸方	
	退職給付費用	500,000	現金預金	500,000

X1年9月30日　職員退職時

	借方		貸方	
	なし			

X2年3月31日　決算整理事項

	借方		貸方	
	なし			

　独立行政法人勤労者退職金共済機構の中小企業退職金共済制度などの外部拠出型の退職金制度は、掛金の支払時に退職給付費用として計上します。したがって、職員が退職した時及び決算整理事項は必要なく、貸借対照表に退職給付引当金は計上されません。

〈賞与引当金の会計処理〉

X2年3月31日　決算整理事項

	借方		貸方	
	賞与引当金繰入	4,000,000 (※)	賞与引当金	4,000,000 (※)

※　6,000,000×4箇月/6箇月=4,000,000

　6月賞与の支給見込額額のうち、当期に帰属する12月から3月分の金額を賞与引当金に計上します。

〈貸倒引当金の会計処理〉

X2年3月31日　決算整理事項

	借方		貸方	
	事業費−貸倒引当金繰入	30,000 ^(※)	貸倒引当金	30,000 ^(※)

※　未収金3,500,000×貸倒実績率1%=35,000
　　貸倒引当金35,000−前期繰越額5,000=30,000

　期末時点の未収金の金額に貸倒実績率を乗じた金額が、当期の貸倒引当金の金額です。また、前期からの繰越額がありますので差額の30,000円を貸倒引当金に繰り入れます。仮に前期からの繰越額が無い場合は35,000円が貸倒引当金の繰入額となります。

〈減価償却の会計処理〉

X1年4月1日　建物取得時

	借方		貸方	
	建物（基本財産）	60,000,000	現金預金	60,000,000

X2年3月31日　決算整理事項（減価償却費計上）

	借方		貸方	
	事業費－減価償却費	1,200,000	建物（基本財産）	1,200,000

※　建物60,000,000×償却率0.02=1,200,000

　建物の取得価額に一定の償却率を乗じた金額が減価償却費として計上されます。本問は問題文に償却率の記載がありますが、実務上は減価償却資産の耐用年数等に関する省令（昭和40年大蔵省令第15号）に記載の償却率を参照してください。

〈リース取引の会計処理〉

X2年2月1日　リース取引開始時

	借方		貸方	
	リース資産 （その他固定資産）	4,320,000	リース債務（負債）	4,320,000

　リース資産総額に重要性が乏しいと認められるため、リース料総額から利息相当額の合理的な見積額を控除しない方法では、リース料総額をリース資産及びリース債務として計上します。

X2年2月28日　リース料支払時

	借方		貸方	
	リース債務（負債）	60,000	現金預金	60,000

X2年3月31日　リース料支払時

	借方		貸方	
	リース債務（負債）	60,000	現金預金	60,000

X2年3月31日　決算整理事項（減価償却費計上）

	借方		貸方	
	減価償却費	120,000 [※]	リース資産 （その他固定資産）	120,000 [※]

※　リース資産4,320,000×2箇月/リース期間72箇月=120,000

　リース資産の減価償却費の計算はリース期間定額法で行います。リース期間定額法とはリース期間を耐用年数とし、残存価額を0円とする定額法です。

〈計算書類の作成〉

貸 借 対 照 表
X 2 年 3 月31日現在

（単位：円）

科　　目	当年度	前年度	増　減
I　資産の部			
1．流動資産			
現金預金	1,700,000	2,000,000	△300,000
流動資産合計	1,700,000	2,000,000	△300,000
2．固定資産			
（1）基本財産			
投資有価証券	32,000,000	32,000,000	0
基本財産合計	32,000,000	32,000,000	0
（2）特定資産			
○周年積立資産	600,000	600,000	0
特定資産合計	600,000	600,000	0
（3）その他固定資産			
その他固定資産合計	0	0	0
固定資産合計	32,600,000	32,600,000	0
資産合計	34,300,000	34,600,000	△300,000
II　負債の部			
1．流動負債			
預り金	50,000	100,000	△50,000
流動負債合計	50,000	100,000	△50,000
負債合計	50,000	100,000	△50,000
III　正味財産の部			
1．指定正味財産			

指定正味財産合計	32,600,000	32,600,000	0
（うち基本財産への充当額）	(32,000,000)	(32,000,000)	(0)
（うち特定資産への充当額）	(600,000)	(600,000)	(0)
2．一般正味財産	1,650,000	1,900,000	△250,000
正味財産合計	34,250,000	34,500,000	△250,000
負債及び正味財産合計	34,300,000	34,600,000	△300,000

正 味 財 産 増 減 計 算 書
X1年4月1日からX2年3月31日まで

（単位：円）

科　　目	当年度	前年度	増　減
I　一般正味財産増減の部			
1．経常増減の部			
（1）経常収益			
基本財産運用益	3,200,000	3,200,000	0
基本財産受取配当金	3,200,000	3,200,000	0
特定資産運用益	10,000	10,000	0
特定資産受取配当金	10,000	10,000	0
経常収益計	3,210,000	3,210,000	0
（2）経常費用			
事業費	3,250,000	3,200,000	50,000
管理費	210,000	200,000	10,000
経常費用計	3,460,000	3,400,000	60,000
評価損益等調整前当期経常増減額	△250,000	△190,000	△60,000
当期経常増減額	△250,000	△190,000	△60,000
当期一般正味財産増減額	△250,000	△190,000	△60,000
一般正味財産期首残高	1,900,000	2,090,000	△190,000
一般正味財産期末残高	1,650,000	1,900,000	△250,000
II　指定正味財産増減の部			
基本財産運用益			
基本財産受取配当金	3,200,000	3,200,000	0
特定資産運用益			
特定資産受取配当金	10,000	10,000	0
一般正味財産への振替額	△3,210,000	△3,210,000	0
当期指定正味財産増減額	0	0	0
指定正味財産期首残高	32,600,000	32,600,000	0

指定正味財産期末残高	32,600,000	32,600,000	0
Ⅲ　正味財産期末残高	34,250,000	34,500,000	△250,000

運用指針一部抜粋

１２．財務諸表の科目

　ここに示した財務諸表を作成する際の科目は、一般的、標準的なものであり、事業の種類、規模等に応じて科目を追加することができる。また、科目及び金額の重要性が乏しい場合には省略することができる。なお、必要に応じて小科目を設定することが望ましい。

（１）　貸借対照表に係る科目及び取扱要領

（資産の部）

科　目		取　扱　要　領
大　科　目	中　科　目	
流動資産		
	現金預金	現金、当座預金、普通預金、定期預金等
	受取手形	
	未収会費	
	未収金	
	前払金	
	有価証券	売買目的で保有する有価証券及び貸借対照表日後１年以内に満期の到来する債券等（ただし、基本財産又は特定資産に含まれるものを除く）
	貯蔵品	
固定資産		
基本財産		定款において基本財産と定められた資産
	土地	
	投資有価証券	満期保有目的の債券等、流動資産の区分に記載されない有価証券（貸付信託受益証券等を含む）で基本財産と定めたもの
特定資産		特定の目的のために使途等に制約を課した資産
	退職給付引当資産	退職給付を支払うための特定預金等
	○○積立資産	特定の目的のために積み立てられた資産（特定費用準備資金、資産取得資金等を含む)
その他固定資産		
	建物	
	構築物	
	車両運搬具	
	什器備品	
	土地	
	建設仮勘定	建設中又は制作中の有形固定資産（工事前払金、手付金等を含む)
	借地権	
	電話加入権	
	敷金	
	保証金	
	投資有価証券	
	子会社株式	
	関連会社株式	

（負債の部）

科　目		取　扱　要　領
大　科　目	中　科　目	
流動負債		
	支払手形	

214

	未払金	事業費等の未払額
	前受金	受取会費等の前受額
	預り金	源泉所得税、社会保険料等の預り金
	短期借入金	返済期限が貸借対照表日後1年以内の借入金
	1年内返済予定長期借入金	返済期限が貸借対照表日後1年以内となった長期借入金
	賞与引当金	
固定負債		
	長期借入金	返済期限が貸借対照表日後1年超の借入金
	退職給付引当金	退職給付に係る見積債務額から年金資産額等を控除したもの
	役員退職慰労引当金	
	受入保証金	

（正味財産の部）

科　　　　　目		取　扱　要　領
大　科　目	中　科　目	
基金		一般社団・財団法人法第131条に規定する基金
	基金	
	（うち基本財産への充当額）	基金のうち基本財産への充当額
	（うち特定資産への充当額）	基金のうち特定資産への充当額
指定正味財産		寄付者等（会員等を含む）によりその使途に制約が課されている資産の受入額
	国庫補助金	
	地方公共団体補助金	
	民間補助金	
	寄付金	
	（うち基本財産への充当額）	指定正味財産合計のうち基本財産への充当額
	（うち特定資産への充当額）	指定正味財産合計のうち特定資産への充当額
一般正味財産		
	代替基金	一般社団・財団法人法第144条により計上された額
	一般正味財産	正味財産から指定正味財産及び代替基金を控除した額
	（うち基本財産への充当額）	一般正味財産合計のうち基本財産への充当額
	（うち特定資産への充当額）	一般正味財産合計のうち特定資産への充当額

（2）　正味財産増減計算書に係る科目及び取扱要領

（一般正味財産増減の部）

科　　　　　目		取　扱　要　領
大　科　目	中　科　目	
経常収益		
基本財産運用益		基本財産の運用益
	基本財産受取利息	
	基本財産受取配当金	
	基本財産受取賃貸料	

特定資産運用益		
	特定資産受取利息	
	特定資産受取配当金	
	特定資産受取賃貸料	
受取入会金		
	受取入会金	
受取会費		
	正会員受取会費	
	特別会員受取会費	
	賛助会員受取会費	
事業収益		
	○○事業収益	
受取補助金等		事業費等に充当する目的で毎年度経常的に受取るもの
	受取国庫補助金	
	受取地方公共団体補助金	
	受取民間補助金	
	受取国庫助成金	
	受取地方公共団体助成金	
	受取民間助成金	
	受取補助金等振替額	指定正味財産から一般正味財産への振替額
受取負担金		
	受取負担金	
	受取負担金振替額	指定正味財産から一般正味財産への振替額
受取寄付金		
	受取寄付金	
	募金収益	
	受取寄付金振替額	指定正味財産から一般正味財産への振替額
為替差益		時価法を適用した投資有価証券以外の財産に係る為替差損益が差益の場合
雑収益		
	受取利息	
	有価証券運用益	売買目的で保有する有価証券に係る評価益及び売却益
	雑収益	
経常費用		
事業費		事業の目的のために要する費用 必要に応じて、事業の種類ごとに区分して記載する
	給料手当	
	臨時雇賃金	
	退職給付費用	
	福利厚生費	
	旅費交通費	
	通信運搬費	
	減価償却費	
	消耗什器備品費	

	消耗品費		
	修繕費		
	印刷製本費		
	燃料費		
	光熱水料費		
	賃借料		
	保険料		
	諸謝金		
	租税公課		
	支払負担金		
	支払助成金		
	支払寄付金		
	委託費		
	有価証券運用損	売買目的で保有する有価証券に係る評価損及び売却損	
	為替差損	時価法を適用した投資有価証券以外の財産に係る為替差損益が差損の場合	
	雑費		
管理費		各種の事業を管理するため、毎年度経常的に要する費用	
	役員報酬		
	給料手当		
	退職給付費用		
	福利厚生費		
	会議費		
	旅費交通費		
	通信運搬費		
	減価償却費		
	消耗什器備品費		
	消耗品費		
	修繕費		
	印刷製本費		
	燃料費		
	光熱水料費		
	賃借料		
	保険料		
	諸謝金		
	租税公課		
	支払負担金		
	支払寄付金		
	支払利息		
	為替差損	時価法を適用した投資有価証券以外の財産に係る為替差損益が差損の場合	
	雑費		

科 目		取 扱 要 領
基本財産評価損益等		一般正味財産を充当した基本財産に含められている投資有価証券に時価法を適用した場合における評価損益、売却損益及び為替差損益
	基本財産評価損益等	
特定資産評価損益等		一般正味財産を充当した特定資産に含められている投資有価証券に時価法を適用した場合における評価損益、売却損益及び為替差損益
	特定資産評価損益等	
投資有価証券評価損益等		投資有価証券に時価法を適用した場合における評価損益、売却損益及び為替差損益
	投資有価証券評価損益等	
経常外収益		
固定資産売却益		固定資産の売却による売却差益
	建物売却益	
	車両運搬具売却益	
	什器備品売却益	
	土地売却益	
	借地権売却益	
	電話加入権売却益	
固定資産受贈益		指定正味財産から一般正味財産への振替額を含む
	土地受贈益	
	投資有価証券受贈益	
経常外費用		
固定資産売却損		固定資産の売却による売却差損
	建物売却損	
	車両運搬具売却損	
	什器備品売却損	
	土地売却損	
	借地権売却損	
	電話加入権売却損	
固定資産減損損失		
	土地減損損失	
	投資有価証券減損損失	
災害損失		
	災害損失	
他会計振替額		内訳表に表示した収益事業等からの振替額

（指定正味財産増減の部）

科　　　目		取　扱　要　領
大　科　目	中　科　目	
受取補助金等		使途が制約されている補助金等の受入額
	受取国庫補助金	
	受取地方公共団体補助金	

218

科　　目		取　扱　要　領
大　科　目	中　科　目	
	受取民間補助金	
	受取国庫助成金	
	受取地方公共団体助成金	
	受取民間助成金	
受取負担金		
	受取負担金	
受取寄付金		
	受取寄付金	
固定資産受贈益		
	土地受贈益	
	投資有価証券受贈益	
基本財産評価損益等		指定正味財産を充当した基本財産の評価損益及び為替差損益
	基本財産評価損益等	
特定資産評価損益等		指定正味財産を充当した特定資産の評価損益及び為替差損益
	特定資産評価損益等	
一般正味財産への振替額		指定正味財産から一般正味財産への振替額
	一般正味財産への振替額	

（基金増減の部）

科　　目		取　扱　要　領
大　科　目	中　科　目	
基金受入額		
	基金受入額	
基金返還額		
	基金返還額	

（3）　キャッシュ・フロー計算書に係る科目及び取扱要領

①　事業活動によるキャッシュ・フローを直接法により表示する場合

（事業活動によるキャッシュ・フロー）

科　　目		取　扱　要　領
大　科　目	中　科　目	
事業活動収入		
基本財産運用収入		
	基本財産運用収入	
入会金収入		
	入会金収入	
会費収入		
	会費収入	
事業収入		
	事業収入	

科 目		取 扱 要 領
補助金等収入		
	国庫補助金収入	
負担金収入		
	負担金収入	
事業活動支出		
事業費支出		
	事業費支出	
管理費支出		
	管理費支出	

(投資活動によるキャッシュ・フロー)

科　　　目		取　扱　要　領
大　科　目	中　科　目	
投資活動収入		
固定資産売却収入		
	固定資産売却収入	
投資有価証券売却収入		
	投資有価証券売却収入	
投資活動支出		
固定資産取得支出		
	固定資産取得支出	
投資有価証券取得支出		
	投資有価証券取得支出	

(財務活動によるキャッシュ・フロー)

科　　　目		取　扱　要　領
大　科　目	中　科　目	
財務活動収入		
借入金収入		
	借入金収入	
基金受入収入		
	基金受入収入	
財務活動支出		
借入金返済支出		
	借入金返済支出	
基金返還支出		
	基金返還支出	

②　事業活動によるキャッシュ・フローを間接法により表示する場合
(事業活動によるキャッシュ・フロー)

科　　　目		取　扱　要　領
大　科　目	中　科　目	
当期一般正味財産増減額		
	当期一般正味財産増減額	

キャッシュ・フローへの 調整額		
減価償却費	減価償却費	
基本財産の増減額	基本財産の増減額	償却原価法による利息計上額で基本財産に加算されたものを含む
退職給付引当金の増減額	退職給付引当金の増減額	
未収金の増減額	未収金の増減額	
貯蔵品の増減額	貯蔵品の増減額	
未払金の増減額	未払金の増減額	
指定正味財産からの振替額	指定正味財産からの振替額	
指定正味財産増加収入 補助金等収入	国庫補助金収入	

投資活動によるキャッシュ・フロー及び財務活動によるキャッシュ・フローについては、①と同様。

１３．様式について

財務諸表、附属明細書及び財産目録を作成する場合には、概ね以下の様式によるものとする。

（1）　貸借対照表

（様式１－１）

貸　借　対　照　表

令和　　年　　月　　日現在

（単位：円）

科　　　　　目	当年度	前年度	増　　減
Ⅰ　資産の部			
1．流動資産			
現金預金			
…………			
流動資産合計			
2．固定資産			
(1)　基本財産			
土　地			
…………			
基本財産合計			
(2)　特定資産			
退職給付引当資産			
○○積立資産			
…………			

科　　　目	当年度	前年度	増　減
特定資産合計			
(3) その他固定資産			
………………			
その他固定資産合計			
固定資産合計			
資産合計			
Ⅱ　負債の部			
１．流動負債			
未払金			
………………			
流動負債合計			
２．固定負債			
退職給付引当金			
………………			
固定負債合計			
負債合計			
Ⅲ　正味財産の部			
１．指定正味財産			
国庫補助金			
………………			
指定正味財産合計			
（うち基本財産への充当額）	（　　　）	（　　　）	（　　　）
（うち特定資産への充当額）	（　　　）	（　　　）	（　　　）
２．一般正味財産			
（うち基本財産への充当額）	（　　　）	（　　　）	（　　　）
（うち特定資産への充当額）	（　　　）	（　　　）	（　　　）
正味財産合計			
負債及び正味財産合計			

（様式１－２）

　一般社団・財団法人法第１３１条により基金を設けた場合には、正味財産の部は、以下の様式による。

科　　　目	当年度	前年度	増　減
Ⅲ　正味財産の部			
１．基金			
基金			
（うち基本財産への充当額）	（　　　）	（　　　）	（　　　）
（うち特定資産への充当額）	（　　　）	（　　　）	（　　　）
２．指定正味財産			
国庫補助金			
………………			
指定正味財産合計			
（うち基本財産への充当額）	（　　　）	（　　　）	（　　　）
（うち特定資産への充当額）	（　　　）	（　　　）	（　　　）
３．一般正味財産			
(1) 代替基金			
(2) その他一般正味財産			
一般正味財産合計			
（うち基本財産への充当額）	（　　　）	（　　　）	（　　　）
（うち特定資産への充当額）	（　　　）	（　　　）	（　　　）
正味財産合計			

負債及び正味財産合計					

（様式1－3）

　公益社団・財団法人が会計区分を有する場合には、貸借対照表の内訳表として以下のように表示する。

<h2 style="text-align:center">貸 借 対 照 表 内 訳 表</h2>

令和　　年　　月　　日現在

（単位：円）

科　　　　　目	公益目的事業会計	収益事業等会計	法人会計	内部取引等消去	合計
Ⅰ　資産の部					
1．流動資産					
中科目別記載					
流動資産合計					
2．固定資産					
(1)　基本財産					
中科目別記載					
基本財産合計					
(2)　特定資産					
中科目別記載					
特定資産合計					
(3)　その他固定資産					
中科目別記載					
その他固定資産合計					
固定資産合計					
資産合計					
Ⅱ　負債の部					
1．流動負債					
中科目別記載					
流動負債合計					
2．固定負債					
中科目別記載					
固定負債合計					
負債合計					
Ⅲ　正味財産の部					
1．指定正味財産					
中科目別記載					
指定正味財産合計					
（うち基本財産への充当額）					
（うち特定資産への充当額）					
2．一般正味財産					
（うち基本財産への充当額）					
（うち特定資産への充当額）					
正味財産合計					
負債及び正味財産合計					

（作成上の留意事項）

・　法人会計区分は、管理業務に関するものやその他の法人全般に係る（公益目的事業会計・収益事業等会計に区分できないもの）ものを表示するものとする。

移行法人が会計区分を有する場合には、貸借対照表の内訳表として以下のように表示する。

貸 借 対 照 表 内 訳 表
令和　　年　　月　　日現在

（単位：円）

科　　　　目	実施事業等会計	その他会計	法人会計	内部取引等消去	合計
Ⅰ　資産の部					
1．流動資産					
中科目別記載					
流動資産合計					
2．固定資産					
(1) 基本財産					
中科目別記載					
基本財産合計					
(2) 特定資産					
中科目別記載					
特定資産合計					
(3) その他固定資産					
中科目別記載					
その他固定資産合計					
固定資産合計					
資産合計					
Ⅱ　負債の部					
1．流動負債					
中科目別記載					
流動負債合計					
2．固定負債					
中科目別記載					
固定負債合計					
負債合計					
Ⅲ　正味財産の部					
1．指定正味財産					
中科目別記載					
指定正味財産合計					
（うち基本財産への充当額）					
（うち特定資産への充当額）					
2．一般正味財産					
（うち基本財産への充当額）					
（うち特定資産への充当額）					
正味財産合計					
負債及び正味財産合計					

（作成上の留意事項）

・　法人会計区分は、管理業務に関するものやその他の法人全般に係る（実施事業等会計、その他会計に区分できないもの）ものを表示するものとする。

（2）　正味財産増減計算書

（様式２－１）

正味財産増減計算書
令和　年　月　日から令和　年　月　日まで

（単位：円）

科　　目	当年度	前年度	増　減
Ⅰ　一般正味財産増減の部			
1．経常増減の部			
(1)　経常収益			
基本財産運用益			
………………			
特定資産運用益			
………………			
受取会費			
………………			
事業収益			
………………			
受取補助金等			
………………			
受取負担金			
………………			
受取寄付金			
………………			
経常収益計			
(2)　経常費用			
事業費			
給与手当			
臨時雇賃金			
退職給付費用			
………………			
管理費			
役員報酬			
給与手当			
退職給付費用			
………………			
経常費用計			
評価損益等調整前当期経常増減額			
基本財産評価損益等			
特定資産評価損益等			
投資有価証券評価損益等			
評価損益等計			
当期経常増減額			
2．経常外増減の部			
(1)　経常外収益			
固定資産売却益			
………………			
経常外収益計			
(2)　経常外費用			
固定資産売却損			
………………			
経常外費用計			
当期経常外増減額			
当期一般正味財産増減額			
一般正味財産期首残高			

一般正味財産期末残高			
II 指定正味財産増減の部			
受取補助金等			
………………			
一般正味財産への振替額			
………………			
当期指定正味財産増減額			
指定正味財産期首残高			
指定正味財産期末残高			
III 正味財産期末残高			

（様式2－2）

　一般社団・財団法人法第131条により基金を設けた場合には、正味財産増減計算書の基金増減の部は、以下の様式による。

正味財産増減計算書
令和　年　月　日から令和　年　月　日まで

科　　　　目	当年度	前年度	増　減
III 基金増減の部			
基金受入額			
基金返還額			
当期基金増減額			
基金期首残高			
基金期末残高			
IV 正味財産期末残高			

（様式2－3）

　公益社団・財団法人の会計区分については、正味財産増減計算書の内訳表として以下のように表示する。なお、会計区分のうち公益目的事業内の区分については、法人が事業の内容に即して集計単位を定めることができる。

正味財産増減計算書内訳表
令和　年　月　日から令和　年　月　日まで

（単位：円）

科　　　目	公益目的事業会計				収益事業等会計				法人会計	内部取引等消去	合計
	A事業	B事業	共通	小計	a事業	b事業	共通	小計			
I 一般正味財産増減の部											
1．経常増減の部											
(1) 経常収益											
基本財産運用益											
中科目別記載											
特定資産運用益											
中科目別記載											
受取会費											
中科目別記載											
事業収益											
中科目別記載											
受取補助金等											

中科目別記載										
受取負担金										
中科目別記載										
受取寄付金										
中科目別記載										
………………										
経常収益計										
(2) 経常費用										
事業費										
中科目別記載										
………………										
管理費										
中科目別記載										
………………										
経常費用計										
評価損益等調整前										
当期経常増減額										
基本財産評価損益等										
特定資産評価損益等										
投資有価証券評価損益等										
評価損益等計										
当期経常増減額										
２．経常外増減の部										
(1) 経常外収益										
中科目別記載										
経常外収益計										
(2) 経常外費用										
中科目別記載										
経常外費用計										
当期経常外増減額										
他会計振替前										
当期一般正味財産増減額										
他会計振替額										
当期一般正味財産増減額										
一般正味財産期首残高										
一般正味財産期末残高										
Ⅱ 指定正味財産増減の部										
受取補助金等										
………………										
一般正味財産への振替額										
………………										
当期指定正味財産増減額										
指定正味財産期首残高										
指定正味財産期末残高										
Ⅲ 正味財産期末残高										

(作成上の留意事項)

・ 支部を有する法人においては、支部の活動等を勘案して内訳表を作成するものと

する。
- ・ 法人会計区分は、管理業務に関する収益・費用やその他の法人全般に係る（公益目的事業会計・収益事業等会計に区分できないもの）収益・費用を表示するものとする。

（様式2－4）
移行法人の会計区分は、正味財産増減計算書の内訳表として以下のように表示する。

正味財産増減計算書内訳表
令和　年　月　日から令和　年　月　日まで

（単位：円）

科　　目	実施事業等会計				その他会計				法人会計	内部取引等消去	合計
	A事業	B事業	共通	小計	a事業	b事業	共通	小計			
Ⅰ　一般正味財産増減の部											
1．経常増減の部											
(1)　経常収益											
基本財産運用益											
中科目別記載											
特定資産運用益											
中科目別記載											
受取会費											
中科目別記載											
事業収益											
中科目別記載											
受取補助金等											
中科目別記載											
受取負担金											
中科目別記載											
受取寄付金											
中科目別記載											
………………											
経常収益計											
(2)　経常費用											
事業費											
中科目別記載											
………………											
管理費											
中科目別記載											
………………											
経常費用計											
評価損益等調整前当期経常増減額											
基本財産評価損益等											
特定資産評価損益等											
投資有価証券評価損益等											
評価損益等計											
当期経常増減額											

2.経常外増減の部									
(1) 経常外収益									
中科目別記載									
経常外収益計									
(2) 経常外費用									
中科目別記載									
経常外費用計									
当期経常外増減額									
他会計振替前									
当期一般正味財産増減額									
他会計振替額									
当期一般正味財産増減額									
一般正味財産期首残高									
一般正味財産期末残高									
Ⅱ 指定正味財産増減の部									
受取補助金等									
………………									
一般正味財産への振替額									
………………									
当期指定正味財産増減額									
指定正味財産期首残高									
指定正味財産期末残高									
Ⅲ 正味財産期末残高									

(作成上の留意事項)

- ・ 支部を有する法人においては、支部の活動等を勘案して内訳表を作成するものとする。
- ・ 法人会計区分は、管理業務に関する収益・費用やその他の法人全般に係る（実施事業等会計・その他会計に区分できないもの）収益・費用を表示するものとする。

（3）　キャッシュ・フロー計算書

（様式3－1）

　　事業活動によるキャッシュ・フローを直接法による場合には、以下の方法に従い表示する。

キャッシュ・フロー計算書

令和　年　月　日から令和　年　月　日まで

（単位：円）

科　　　　目	当年度	前年度	増　減
Ⅰ　事業活動によるキャッシュ・フロー			
1.事業活動収入			
基本財産運用収入			
………………			
入会金収入			
………………			
会費収入			
………………			
事業収入			

科 目		
………………		
補助金等収入		
………………		
事業活動収入計		
2．事業活動支出		
事業費支出		
………………		
管理費支出		
………………		
事業活動支出計		
事業活動によるキャッシュ・フロー		
Ⅱ 投資活動によるキャッシュ・フロー		
1．投資活動収入		
固定資産売却収入		
………………		
投資活動収入計		
2．投資活動支出		
固定資産取得支出		
………………		
投資活動支出計		
投資活動によるキャッシュ・フロー		
Ⅲ 財務活動によるキャッシュ・フロー		
1．財務活動収入		
借入金収入		
………………		
財務活動収入計		
2．財務活動支出		
借入金返済支出		
………………		
財務活動支出計		
財務活動によるキャッシュ・フロー		
Ⅳ 現金及び現金同等物に係る換算差額		
Ⅴ 現金及び現金同等物の増減額		
Ⅵ 現金及び現金同等物の期首残高		
Ⅶ 現金及び現金同等物の期末残高		

（様式3−2）

　事業活動によるキャッシュ・フローを間接法による場合には、以下の方法に従い表示する。

キャッシュ・フロー計算書

令和　年　月　日から令和　年　月　日まで

（単位：円）

科　　　　　目	当年度	前年度	増　減
Ⅰ 事業活動によるキャッシュ・フロー			
1．当期一般正味財産増減額			
2．キャッシュ・フローへの調整額			
減価償却費			
基本財産の増減額			
退職給付引当金の増減額			
未収金の増減額			

230

科　　　　目			
貯蔵品の増減額			
未払金の増減額			
指定正味財産からの振替額			
……………			
小　　計			
3．指定正味財産増加収入			
補助金等収入			
……………			
指定正味財産増加収入計			
事業活動によるキャッシュ・フロー			
Ⅱ　投資活動によるキャッシュ・フロー			
1．投資活動収入			
固定資産売却収入			
……………			
投資活動収入計			
2．投資活動支出			
固定資産取得支出			
……………			
投資活動支出計			
投資活動によるキャッシュ・フロー			
Ⅲ　財務活動によるキャッシュ・フロー			
1．財務活動収入			
借入金収入			
……………			
財務活動収入計			
2．財務活動支出			
借入金返済支出			
……………			
財務活動支出計			
財務活動によるキャッシュ・フロー			
Ⅳ　現金及び現金同等物に係る換算差額			
Ⅴ　現金及び現金同等物の増減額			
Ⅵ　現金及び現金同等物の期首残高			
Ⅶ　現金及び現金同等物の期末残高			

（様式3－3）

　一般社団・財団法人法第131条により基金を設けた場合には、キャッシュ・フロー
計算書の財務活動によるキャッシュ・フローは、以下の様式による。

（事業活動によるキャッシュ・フローを直接法により表示する場合）

キャッシュ・フロー計算書

令和　年　月　日から令和　年　月　日まで

科　　　　　目	当年度	前年度	増　減
Ⅲ　財務活動によるキャッシュ・フロー			
1．財務活動収入			
借入金収入			
……………			
基金受入収入			
財務活動収入計			
2．財務活動支出			
借入金返済支出			

・・・・・・・・・・・・・・・			
基金返還支出			
財務活動支出計			
財務活動によるキャッシュ・フロー			
IV 現金及び現金同等物に係る換算差額			
V 現金及び現金同等物の増減額			
VI 現金及び現金同等物の期首残高			
VII 現金及び現金同等物の期末残高			

（4）　財務諸表に対する注記

　　財務諸表に対する注記については以下の表示による。

財 務 諸 表 に 対 す る 注 記

１．継続組織の前提に関する注記

　　　　・・・・・・・・・・・・・・・・・・・・・・・・・・・・

２．重要な会計方針

　(1)　有価証券の評価基準及び評価方法

　　　　・・・・・・・・・・・・・・・・・・・・・・・・・・

　(2)　棚卸資産の評価基準及び評価方法

　　　　・・・・・・・・・・・・・・・・・・・・・・・・・・

　(3)　固定資産の減価償却の方法

　　　　・・・・・・・・・・・・・・・・・・・・・・・・・・

　(4)　引当金の計上基準

　　　　・・・・・・・・・・・・・・・・・・・・・・・・・・

　(5)　キャッシュ・フロー計算書における資金の範囲

　　　　・・・・・・・・・・・・・・・・・・・・・・・・・・

　(6)　消費税等の会計処理

　　　　・・・・・・・・・・・・・・・・・・・・・・・・・・

　　　　・・・・・・・・・・・・・・・・・・・・・・・・・・

３．会計方針の変更

　　　　・・・・・・・・・・・・・・・・・・・・・・・・・・

４．基本財産及び特定資産の増減額及びその残高

　　基本財産及び特定資産の増減額及びその残高は、次のとおりである。

科　　　　目	前期末残高	当期増加額	当期減少額	当期末残高
基本財産				
土　　　地				
…………				
小　　計				
特定資産				
退職給付引当資産				
…………				
小　　計				
合　　計				

５．基本財産及び特定資産の財源等の内訳

　基本財産及び特定資産の財源等の内訳は、次のとおりである。

（単位：円）

科　　　　目	当期末残高	（うち指定正味財産からの充当額）	（うち一般正味財産からの充当額）	（うち負債に対応する額）
基本財産				
土　　　地		（　　　）	（　　　）	－
…………		（　　　）	（　　　）	－
小　　計		（　　　）	（　　　）	－
特定資産				
退職給付引当資産		－	－	（　　　）
○○積立資産		（　　　）	（　　　）	－
…………		（　　　）	（　　　）	（　　　）
小　　計		（　　　）	（　　　）	（　　　）
合　　計		（　　　）	（　　　）	（　　　）

（記載上の留意事項）

　　基金からの充当額がある場合には、財源の内訳として記載するものとする。

６．担保に供している資産

　　……（資産）×××円（帳簿価額）は、長期借入金×××円の担保に供している。

７．固定資産の取得価額、減価償却累計額及び当期末残高

（直接法により減価償却を行っている場合）

　固定資産の取得価額、減価償却累計額及び当期末残高は、次のとおりである。

（単位：円）

科　　　　　目	取得価額	減価償却累計額	当期末残高
建　　　物			
………………			
………………			
合　　　計			

８．債権の債権金額、貸倒引当金の当期末残高及び当該債権の当期末残高

（貸倒引当金を直接控除した残額のみを記載した場合）

　債権の債権金額、貸倒引当金の当期末残高及び当該債権の当期末残高は、次のとおりである。

（単位：円）

科　　　　　目	債権金額	貸倒引当金の当期末残高	債権の当期末残高
未　収　金			
…………			
…………			
合　　　計			

９．保証債務（債務保証を主たる目的事業としている場合を除く。）等の偶発債務

　　○○○に対する保証債務は、×××円である。

１０．満期保有目的の債券の内訳並びに帳簿価額、時価及び評価損益

　　満期保有目的の債券の内訳並びに帳簿価額、時価及び評価損益は、次のとおりである。

（単位：円）

種類及び銘柄	帳簿価額	時　　価	評価損益
国　　　債			
○○株式会社社債			
………………			
………………			
合　　　計			

１１．補助金等の内訳並びに交付者、当期の増減額及び残高

補助金等の内訳並びに交付者、当期の増減額及び残高は、次のとおりである。

（単位：円）

補助金等の名称	交付者	前期末残高	当期増加額	当期減少額	当期末残高	貸借対照表上の記載区分
補助金						
○○補助金	○○○					指定正味財産
…………	○○○					流動負債
助成金						
○○助成金	○○○					○○○
…………	○○○					○○○
○○○						
…………	○○○					○○○
合　　　　計						

１２．基金及び代替基金の増減額及びその残高

基金及び代替基金の増減額及びその残高は、次のとおりである。

（単位：円）

科　　　　目	前期末残高	当期増加額	当期減少額	当期末残高
基金				
○○基金				
………………				
基　金　計				
代替基金				
○○基金			－	
………………			－	
代替基金計			－	
合　　　　計				

１３．指定正味財産から一般正味財産への振替額の内訳

　　指定正味財産から一般正味財産への振替額の内訳は、次のとおりである。

（単位：円）

内　　　　　容	金　　　　額
経常収益への振替額	
減価償却費計上による振替額	
…………………	
経常外収益への振替額	
目的達成による指定解除額	
…………………	
合　　　計	

１４．関連当事者との取引の内容

　　関連当事者との取引の内容は、次のとおりである。

種類	法人等の名称	住所	資産総額（単位：円）	事業の内容又は職業	議決権の所有割合	関係内容		取引の内容	取引金額（単位：円）	科目	期末残高（単位：円）
						役員の兼務等	事業上の関係				
										(注)	

（取引条件及び取引条件の決定方針等）

（注）

・　関連当事者に対する債権については、債権の期末残高に対する貸倒引当金残高、当期の貸倒引当金繰入額等、当期の貸倒損失等の項目を開示する。ただし、債権の期末残高に対する貸倒引当金残高及び当期の貸倒引当金繰入額等については、当該者の経営状態等に重大な問題が生じていない場合には、開示の対象とはしないこととする。

・　関連当事者との取引に関して、貸倒引当金以外の引当金が設定されている場合において、注記することが適当と認められるものについては、上記取り扱いに準じて開示する。

　　なお、開示にあたっては、関連当事者の種類ごとに合算して記載することができる。

１５．キャッシュ・フロー計算書の資金の範囲及び重要な非資金取引
（１）現金及び現金同等物の期末残高と貸借対照表に掲記されている金額との関係は以下のとおりである。

前期末		当期末	
現金預金勘定	×××円	現金預金勘定	×××円
預入期間が３ヶ月を超える定期預金	−××円	預入期間が３ヶ月を超える定期預金	−××円
現金及び現金同等物	×××円	現金及び現金同等物	×××円

（２）重要な非資金取引は、以下のとおりである。

前期末	当期末
現物により寄付を受けた固定資産が×××円ある。	現物により寄付を受けた固定資産が×××円ある。

１６．重要な後発事象

　　.............................

１７．その他

　　.............................

（５）　附属明細書

　１．基本財産及び特定資産の明細

（単位：円）

区分	資産の種類	期首帳簿価額	当期増加額	当期減少額	期末帳簿価額
基本財産	土地				
	建物				
	…				
	…				
	基本財産計				
特定資産	退職給付引当資産				
	○○積立資産				
	…				
	…				
	特定資産計				

（記載上の留意事項）
- 　基本財産及び特定資産について、財務諸表の注記に記載をしている場合には、その旨を記載し、内容の記載を省略することができる。
- 　重要な増減がある場合には、その理由、資産の種類の具体的な内容及び金額の脚注をするものとする。

　２．引当金の明細

（単位：円）

科目	期首残高	当期増加額	当期減少額		期末残高
			目的使用	その他	
賞与引当金					
・・・					

（記載上の留意事項）
- 　期首又は期末のいずれかに残高がある場合にのみ作成する。
- 　当期増加額と当期減少額は相殺せずに、それぞれ総額で記載する。
- 　「当期減少額」欄のうち、「その他」の欄には、目的使用以外の理由による減少額を記載

し、その理由を脚注する。

- 引当金について、財務諸表の注記において記載している場合には、その旨を記載し、内容の記載を省略することができる。

（6）　財産目録

財　産　目　録

令和　年　月　日現在

（単位：円）

貸借対照表科目		場所・物量等	使用目的等	金額
（流動資産）				
	現金	手元保管	運転資金として	×××
	預金	普通預金 ○○銀行○○支店	運転資金として	×××
流動資産合計				×××
（固定資産）				
基本財産	土　地	○○㎡ ××市▽▽町3−5−1	公益目的保有財産であり、○○事業の施設に使用している。	×××
	建物	○○㎡ ××市▽▽町3−5−1 4階建	3〜4階部分：公益目的保有財産であり、○○事業の施設に使用している。	×××
			1〜2階部分：△△事業に使用している。	×××
	美術品	絵画　○点 ○年○月以前取得	公益目的保有財産であり、○○事業に供している不可欠特定財産である。	×××
	投資有価証券	第○回利付国債他	公益目的保有財産であり、運用益を○○事業の財源として使用している	×××
特定資産	○○積立資産	定期預金 ○○銀行○○支店	○○事業の積立資産であり、資産取得資金として管理されている預金	×××
	○○積立資産	××社債	満期保有目的で保有し、運用益を○○事業の財源として使用している。	×××
		○○株式	寄付により受け入れた株式であり、長期間保有することにより、運用益を○○事業の財源として使用している。	×××
	建物	○○㎡ 東京都△△区▲▲ 4−6−2	公益目的保有財産であり、○○事業に使用している。	×××
その他 固定資産	……	……	……	×××
固定資産合計				×××
資産合計				×××

238

(流動負債)				
	未払金	○○に対する未払額	○○事業に供する備品購入の未払い分	×××
	短期借入金	○○銀行○○支店	運転資金	×××
流動負債合計				×××
(固定負債)				
	退職給付引当金	従業員に対するもの	従業員○○名に対する退職金の支払いに備えたもの	×××
	長期借入金	○○銀行○○支店	△△事業に供する建物を取得するための借入れ	×××
固定負債合計				×××
負債合計				×××
正味財産				×××

(記載上の留意事項)

・ 支部を有する法人は、支部単位での明細を作成するものとする。

・ 資産を他の事業等と共用している場合には、法人において、区分、分離可能な範囲で財産を確定し、表示する。ただし、物理的な特定が困難な場合には、一つの事業の資産として確定し、共用財産である旨を記載するものとする。

・ 特定費用準備資金や資産取得資金を有する場合には、使用目的等の欄に明示するものとする。

・ 不可欠特定財産を有する場合には、使用目的等の欄に明示するものとする。

・ 「公益社団法人及び公益財団法人の認定等に関する法律施行規則第25条に基づき、財産目録により公益目的保有財産を区分表示する場合には、上記ひな型例に従い、貸借対照表科目、資産の種類、場所、数量、取得時期、使用目的の事業等を詳細に記載するものとする。なお、上記ひな型では詳細な記載を表示できない場合には、下記に従い明細を作成する。

公益目的保有財産の明細

財産種別	公益認定前取得 不可欠特定財産	公益認定後取得 不可欠特定財産	その他の 公益目的保有財産	使用事業
土地			○○㎡ ××市▽▽町3-5-1 ×××円	○○事業 （△△事業と共有)
建物			○○㎡ ××市▽▽町3-5-1 4階建の3〜4階部分 ×××円	○○事業
美術品	○○像 ×××円 ○○図 ×××円 ・・・・・			○○事業
・・・				
合計	×××円		×××円	

索 引

〈編著者プロフィール〉

辻・本郷 税理士法人

　平成14年4月設立。東京新宿に本部を置き、日本国内に60以上の拠点、海外5拠点を持つ国内最大規模を誇る税理士法人。

　税務コンサルティング、相続、事業承継、医療、M&A、企業再生、社会福祉法人、公会計、公益法人、移転価格、国際税務など各税務分野別に専門特化したプロ集団。

　弁護士、不動産鑑定士、司法書士との連携により、顧客の立場に立ったワンストップサービスとあらゆるニーズに応える総合力をもって業務展開している。

〒160-0022

東京都新宿区新宿4-1-6 JR新宿ミライナタワー28階

TEL　03-5323-3301㈹ / FAX　03-5323-3302

URL：https://www.ht-tax.or.jp

〈執筆者〉

安藤美和子（あんどう みわこ）公益法人部 パートナー、税理士

戸塚　裕也（とつか ひろなり）公益法人部 マネージャー、公認会計士

菊地　義信（きくち よしのぶ）公益法人部 シニアコンサルタント

長嶋　宏明（ながしま ひろあき）公益法人部

松本　陽子（まつもと ようこ）公益法人部

小室　昌子（こむろ まさこ）公益法人部

佐藤　一郎（さとう いちろう）公益法人部

杉本　慶太（すぎもと けいた）公益法人部

解けばしくみがわかる

入門　公益法人・一般法人の会計・税務Q&A
〈演習問題付き〉

令和 4 年 5 月15日　第 1 刷発行
令和 5 年10月20日　第 4 刷発行

　　編　著　辻・本郷 税理士法人

　　発　行　株式会社 ぎょうせい

　　　　　　〒136-8575　東京都江東区新木場1-18-11
　　　　　　URL：https://gyosei.jp

　　　　　　フリーコール　0120-953-431

　　　　　　ぎょうせい　お問い合わせ　検索　https://gyosei.jp/inquiry/

〈検印省略〉

印刷　ぎょうせいデジタル㈱　　　　　　　©2022 Printed in Japan
＊乱丁・落丁本はお取り替えいたします

ISBN978-4-324-11113-0
(5108786-00-000)
〔略号：入門公益法人〕